定期テスト **ズバリよくでる** 国語 3年 東京書籍版 新しい国語3

もくじ

取り外してお使いください 赤シート＋直前チェックBOOK,別冊解答

※全国の定期テストの標準的な出題範囲を示しています。学校の学習進度とあわない場合は,「あなたの学校の出題範囲」欄に出題範囲を書きこんでお使いください。

Step 1

生命《いのち》は

15分

❶ 詩を読んで、問いに答えなさい。

生命は　吉野《よしの》弘《ひろし》

①生命は
自分自身だけでは完結できないように
つくられているらしい
花も
めしべとおしべが揃《そろ》っているだけでは
不充分《ふじゅうぶん》で
虫や風が訪《おとず》れて
めしべとおしべを仲立ちする

生命はすべて
その中に欠如《けつじょ》を抱《いだ》き
それを他者から満たしてもらうのだ

私《わたし》は今日、
どこかの花のための
虻《あぶ》だったかもしれない
そして明日《あした》は

▼㊎巻頭

(1) ――線①「生命は／自分自身だけでは完結できない」ことを、花を使って説明するとどうなりますか。次から一つ選び、記号で答えなさい。

ア　花のめしべとおしべが揃っているだけでは生命とはいえない。
イ　花が生命をつないでいくには、虫や風の仲立ちが必要である。
ウ　花には虫が、虫には風がないと、生きていくことができない。

（　　）

(2) 第三連の「花」と「虻」が表しているものを、次のようにまとめました。(　)に当てはまる言葉を、詩の中の言葉を使ってそれぞれ三字以内で書きなさい。

・花は欠如を(❶)生命を、虻は欠如を(❷)他者を表している。

❶ □□□　❷ □□□

(3) この詩は、生命とはどんなものだと表現していますか。次から一つ選び、記号で答えなさい。

ア　生命とは、他者との支え合いの中で続いてゆくものだ。
イ　生命とは、一人に一つだけの、かけがえのないものだ。
ウ　生命とは、生物の種類に関係なくどれも美しいものだ。

（　　）

誰《だれ》かが
私という花のための
虻であるかもしれない

吉野 弘「生命は」〈「素直《すなお》な疑問符《ふ》」〉より

テストで点を取るポイント

国語の中間・期末テストでは、次のポイントを押さえて確実に点数アップをねらうことができます。

☑ノートを確認して、教科書を音読する

❶授業中の板書を写したノートをおさらいします。
国語の定期テストでは黒板に書かれた内容がテストで問われることが多く、先生によっては要点を赤字にしたり、繰り返し注意したりしてヒントを出してくれています。

❷教科書の文章を音読して読み直す。
テストで出る文章は決まっているので、かならず何度も読み直して文章内容を理解しておきましょう。

☑ステップ1・ステップ2を解く

≫実際に文章読解問題・文法問題を解いて、内容を理解できているか確認します。いずれも時間を計って、短時間で解く練習をしておきましょう。

☑小冊子で漢字を確認する

≫テスト直前には新出漢字や文法事項、古文単語などの暗記事項を確認します。

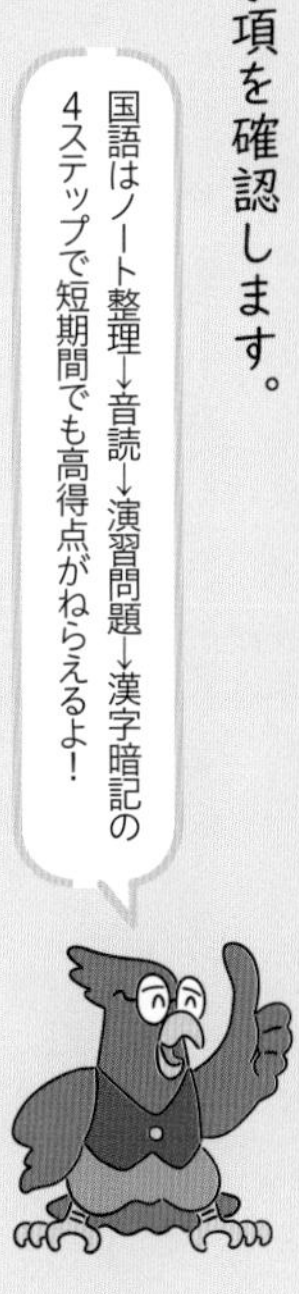
国語はノート整理→音読→演習問題→漢字暗記の4ステップで短期間でも高得点がねらえるよ!

Step 1

二つのアザミ

15分

❶ 文章を読んで、問いに答えなさい。

▼㊔15ページ5行～16ページ12行

難しい表現は全く使われていません。詩のようにきらびやかな言葉もありません。それなのに、私《わたし》はこの文章の①不思議な魅力《みりょく》に捕《と》らわれてしまったのです。なぜ心ひかれるのか、最初はよく分かりませんでした。しかし、何度か読み返すうち、この一文の光が、「すてきに背高《せいたか》の薊《あざみ》」という表現から発せられていることに気づいたのです。

「すてき」も「背高」も、個別には知っていた単語です。けれど、②両者を組み合わせて、アザミのような花の上に載《の》せるなんて、想像したことさえありませんでした。「すばらしく背の高いアザミ」と書いても、意味としては変わらないでしょう。宮沢賢治《みやざわけんじ》はそれを短く刈《か》り込《こ》んで、言葉に新しい響《ひび》きを、つまり、これまでにない音楽を生み出してくれたのです。

それから長い時間がたって、高校生になったばかりの頃《ころ》、私は再び書物の中で、漢字の「薊」に出会うことになりました。梶井基次郎《かじいもとじろう》の「闇《やみ》の絵巻」と題された短編を読んだときのことです。真っ暗な闇の中に一歩を踏《ふ》み出す勇気を、主人公はこんなたとえで表現していました。

③「裸足《はだし》で薊を踏んづける！」

私は呆然《ぼうぜん》としました。裸足で薊を踏んづけるほどの勇気とは！

(1) ――線①「不思議な魅力」を発していたものは、何でしたか。文章中から十五字で抜き出しなさい。（句読点・符号《ふごう》も含《ふく》む）

(2) (1)のものに魅力があった理由を次から一つ選び、記号で答えなさい。

ア 難しい表現や、詩のようにきらびやかな言葉を使ったから。

イ 意味は変えないで、めずらしい言葉に言いかえているから。

ウ 言葉の組み合わせを工夫《くふう》して、新しい響きを持たせたから。

（　　）

(3) ――線②「両者」とは何と何ですか。文章中からそれぞれ三字以内で抜き出しなさい。

(4) ――線③「裸足で薊を踏んづける！」は、何をたとえていますか。文章中から十七字で探し、初めの五字を抜き出しなさい。

(5) 筆者が「薊」という言葉に持つイメージは、どのように深まっていきましたか。その順になるように、（　）に数字を書きなさい。

宮沢賢治の作品を通じて、アザミは明るい光の中ではっきり目に見える紫《むらさき》色の、「すてきに背高の」、明るい陽《ひ》のもとで映《は》える花として心に刻まれていました。梶井基次郎は、そこにもう一つ、まるで正反対の、闇に沈《しず》んだ見えない「薊」というイメージを付け加えてくれたのです。その見えない色の、なんと鮮《あざ》やかなことでしょう。おまけに、とげを踏み抜《ぬ》いた足の裏の感触《かんしょく》まで生々しく伝わってくるようです。

　少年の頃に私が見ていた野の花としてのアザミは、優《すぐ》れた二人の書き手の作品のおかげで、明と暗を持つ、言葉としての「薊」になりました。異なる文脈で出会ったことによって、「薊」は私の心の中で、より豊かな花に育っていったのです。

　興味深いのは、言葉としての「薊」の色が深まるにつれて、原っぱに咲《さ》いている本物の「アザミ」も美しさを増していったことです。つまり、④<u>二つの「薊」は、世界の見方を変えてくれた</u>のです。本を読み、言葉に触《ふ》れ、言葉を育てていく喜びは、こんなふうに、見慣れていた光景に新しい光が当てられる様子を、驚《おどろ》きをもって眺《なが》めることにあるのではないでしょうか。

堀江 敏幸「二つのアザミ」より

（　）明と暗を持つ、言葉としての「薊」。

（　）明るい陽のもとで映える、紫色で「すてきに背高の」「薊」。

（　）とげをもって暗闇の中に沈んでいる、見えない色の「薊」。

(6) ——線④「二つの『薊』は、世界の見方を変えてくれた」の意味を、次のように説明しました。（　）に当てはまる言葉を、文章中からそれぞれ指定の字数で抜き出しなさい。

・自分の知っている言葉の（❶四字）が深まるにつれて、その言葉が指し示す（❷八字）にも、新しい魅力を発見することができるようになったということ。

❶

❷

ヒント

(1) 「魅力」を「光」と言いかえているよ。「この一文の光」が発せられていた表現を探そう。

(4) 「こんなたとえ」は、「裸足で薊を踏んづける！」を指す。

(5) 筆者は、宮沢賢治と梶井基次郎の作品からそれぞれ異なる「薊」のイメージを得ている。

一つの言葉に明と暗のイメージが加わったんだね。

Step 1

俳句の読み方、味わい方／俳句五句

15分

❶ 文章と俳句を読んで、問いに答えなさい。

▼㊫19ページ9行〜20ページ13行・21ページ

囀《さへづり》《サエズリ》をこぼさじと抱《だ》く大樹かな　星野《ほしの》立子《たつこ》

「囀」は繁殖《はんしょく》期を迎《むか》えた鳥が縄張り宣言や求愛のために鳴くことをいい、春らしい生命感にあふれた季語です。作者は、たくさんの鳥がさえずりを競《きそ》っているのを聞き、その声を大きな木が抱きとめていると捉《とら》えました。鳥ではなく「囀」を、また「こぼさじと抱く」としたことで、あふれんばかりのさえずりを思わせます。大樹の枝々は腕《うで》のようにも見えることから、「抱く」という擬人《ぎじん》法が効果的です。

「大樹かな」の「かな」も切れ字の一つです。ここでは「かな」が「囀をこぼさじと抱く大樹」をしっかりと受け止め、根を張るような安定感をもたらす表現になっています。

を《オ》りとりてはらりとおもきすすきかな　飯田《いいだ》蛇笏《だこつ》

薄《すすき》は秋の七草の一つであり、秋を代表する植物です。白い穂《ほ》が風になびくさまは美しく、群生しているところを薄原《すすきはら》といいます。折り取った薄には実は重さというほどの重さはありませんが、それを「はらりとおもき」と表現したところに味わいがあります。この句

(1) ❶「囀を」・❷「をりとりて」の二つの句について、季語と季節をそれぞれ漢字一字で書きなさい。

❶ 季語［　］ 季節［　］

❷ 季語［　］ 季節［　］

(2) 「囀を」の句の主題は何ですか。（　）に当てはまる言葉を、文章中からそれぞれ三字以内で抜《ぬ》き出しなさい。

・（❶）にあふれた繁殖期の鳥たちを受け止める、（❷）の姿。

❶［　　　］ ❷［　　　］

(3) 「囀を」の句に「切れ字」がもたらしている効果を、次の（　）に当てはまるように文章中から二十五字で探し、初めと終わりの三字を書きなさい。

・大樹を（　　）効果。

［　　　］〜［　　　］

(4) ――線①「全てが平仮名であること」には、どんな効果がありますか。次から一つ選び、記号で答えなさい。

ア 折り取られた薄の軽さや感触を伝える効果。

イ 軽い薄が群生して生じた重さを伝える効果。

ウ 薄原の味わい深い様子の余韻を伝える効果。

（　　）

の特徴《とくちょう》は①全てが平仮名《ひらがな》であることです。もしもこれが「折り取りてはらりと重き薄かな」だったらどうでしょう。何やら重そうに感じられ、「はらりと」という感触《かんしょく》も伝わりません。

この句の「かな」を、前に挙げた囀の句の「かな」と比較《ひかく》してみましょう。「大樹かな」が強い切れを感じさせるのに対し、「すすきかな」は柔《やわ》らかく言い止める働きをしています。言い切るのではなく、余韻《よいん》を持たせているのです。このように、②切れ字にはいろいろな使い方があることが分かります。

俳句は僅《わず》か十七音《じゅうしちおん》ですが、その表現はさまざまな要素から成り立っています。まず、声に出して読み、リズムを感じてみてください。そして、季語の持つ味わいがどう生かされているかを確認《かくにん》してください。日本語の美しさと四季の変化の中で生まれた俳句の、味わい深い世界が見えてくるはずです。

片山 由美子「俳句の読み方、味わい方」より

俳句五句

A　万緑《ばんりょく》《リョク》の中や吾子《あこ》の歯生え初《そ》むる　中村草田男《なかむらくさたお》

B　冬菊《ふゆぎく》のまとふ《ウ》はおのがひかりのみ　水原秋櫻子《みずはらしゅうおうし》

C　分け入《イ》つ《ッ》ても分け入《イ》つ《ッ》ても青い山　種田山頭火《たねださんとうか》

「俳句五句」より

(5) ――線②「切れ字にはいろいろな使い方がある」とありますが、「をりとりて」の句の「切れ字」は、どんな使い方をされていますか。文章中から二つ、それぞれ九字で抜き出しなさい。

□□□□□□□□□使い方。

□□□□□□□□□使い方。

(6) 文章中のA～Cの俳句から、次の鑑賞《かんしょう》文に合うものをそれぞれ選び、記号で答えなさい。

❶ 季語や音数などの俳句の形式にしばられない表現が独特のリズムを生み出している。（　）

❷ 二つの色彩《しきさい》を取り合わせて、季節感と子どもの成長を喜ぶ気持ちを表現している。（　）

ヒント

(1) それぞれの俳句の後の文から読み取る。

(4) 漢字で書くと、薄の様子がうまく伝わらないのだ。

(6) ❶のような俳句を「自由律俳句」という。
❷で対比されている色は、白と緑だよ。

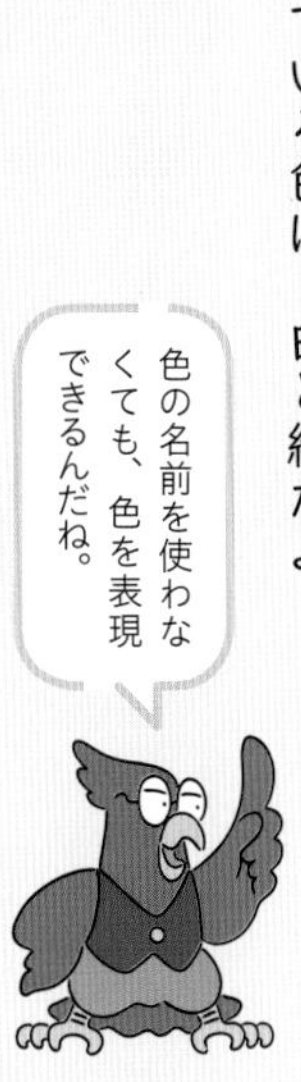
色の名前を使わなくても、色を表現できるんだね。

Step 2

日本語探検Ⅰ　和語・漢語・外来語／漢字道場Ⅰ　他教科で学ぶ漢字(1)

（生命は〜漢字道場Ⅰ　他教科で学ぶ漢字(1)）

20分

／100
目標 75点

1

——部の漢字の読み仮名《がな》を書きなさい。

1 部屋の片隅。
2 木が揺れる。
3 見映えがよい。
4 いい雰囲気。
5 余韻に浸《ひた》る。
6 僅かな差。
7 津軽海峡
8 重曹の粉。
9 一隅を照らす。
10 動揺する
11 僅差で勝つ。
12 予想を超える。
13 消化酵素
14 細胞分裂《ぶんれつ》
15 脂質が多い。

各2点

2

カタカナを漢字に直しなさい。

1 花がサく。
2 ミリョク的
3 注意をハラう。
4 ギジン法
5 イナホが実る。
6 トンデンヘイ
7 荒《あ》れ地のカイタク。
8 教育チョクゴ
9 ラクノウを営む。
10 カンヅメの果物。
11 指をネンザした。
12 トクチョウある字。
13 シツドが高い。
14 ホウワ水蒸気量
15 魚のヨウショク。

各2点

3

次の各文中の――部の語を、ア「和語」・イ「漢語」・ウ「外来語」に分け、それぞれ記号で答えなさい。

1. 寺院の中にある古い庭園を散歩する。
2. 川上《かわかみ》から木の枝が流れてきた。
3. すしのネタでは、イクラが一番好きだ。
4. 窓から海が見える家に住みたい。
5. 海外から郵便で荷物が届いた。
6. 勉強の合間に、釣《つ》りに出かける時間が楽しい。
7. 冷たい飲み物は、ガラスのコップで飲みたい。
8. 人は誰《だれ》しも、矛盾《むじゅん》する思いを抱《かか》えているものだ。

3			
1	2	3	4
5	6	7	8

各3点

4

次の――線部の語を、（　）に示した種類の言葉に直して書きなさい。

1. 地元の農家が作ったフレッシュな野菜です。（漢語）
2. テスト前で、睡眠《すいみん》時間がとれない。（和語）
3. 君の何にでも挑戦《ちょうせん》する姿勢は評価するよ。（外来語）
4. 広いベッドルームがある家に住みたい。（漢語）

4	
1	2
3	4

各4点

テストに出る

和語…日本語にもともとある語。
・使える範囲《はんい》が広い。
・平仮名や、訓読みの漢字で書く。

漢語…主に中国から入ってきた語。
・細かい意味の違《ちが》いを表せる。
・音《おん》読みの漢字で書く。

外来語…中国語以外の外国語をもとにした語。
・新しさを感じさせる。
・片仮名で書くことが多い。

Step 1

形

15分

❶ 文章を読んで、問いに答えなさい。

▼教 31ページ7行～33ページ9行

「ほかのことでもおりない。明日《みょうにち》は我らの初陣《ういじん》じゃほどに、なんぞ華々《はなばな》しい手柄《てがら》をしてみたい。ついては御身《おみ》様の猩々緋《しょうじょうひ》と唐冠《とうかん》のかぶとを貸してたもらぬか。あの羽織《はおり》とかぶととを着て、敵の目を驚《おどろ》かしてみとうござる。」

「ハハハハ。念もないことじゃ。」新兵衛《しんべえ》は高らかに笑った。新兵衛は、相手の子供らしい無邪気《むじゃき》な功名心を快く受け入れることができた。

「が、申しておく、あの羽織やかぶとは、申さば①中村《なかむら》新兵衛の形じゃわ。そなたが、あの品々を身に着けるうえからは、我らほどの肝魂《きもだま》を持たいではかなわぬことぞ。」と言いながら、新兵衛はまた高らかに笑った。

その明くる日、摂津《せっつ》平野の一角で、松山《まつやま》勢は、大和《やまと》の筒井順慶《つついじゅんけい》の兵としのぎを削《けず》った。戦いが始まる前、いつものように猩々緋の武者が唐冠のかぶとを朝日に輝《かがや》かしながら、敵勢を尻目《しりめ》にかけて、大きく輪乗りをしたかと思うと、駒《こま》の頭《かしら》を立て直して、一気に敵陣に乗り入った。

②吹《ふ》き分けられるように、敵陣の一角が乱れたところを、猩々緋の武者は槍《やり》をつけたかと思うと、早くも三、四人の端《はした》武者を、突《つ》き伏《ふ》せて、また悠々《ゆうゆう》と味方の陣へ引き返した。

(1) ――線①「中村新兵衛の形」の意味を、次のようにまとめました。（　）に当てはまる言葉を、新兵衛の発言の中からそれぞれ指定の字数で抜《ぬ》き出しなさい。

・新兵衛の持つ（❶二字）が、（❷六字）という「形」に表されている。

❶ □□

❷ □□□□□□

(2) ――線②「吹き分けられるように、敵陣の一角が乱れた」は、敵の兵士のどんな様子をたとえていますか。次から一つ選び、記号で答えなさい。

ア 猩々緋の武者を恐《おそ》れて、思わず後ろへ引く様子。

イ 猩々緋の武者をうやまって、お辞儀《じぎ》をする様子。

ウ 猩々緋の武者を討《う》ち取るために、取り囲む様子。

（　　）

(3) ――線③「会心の微笑」とありますが、このときの新兵衛の気持ちを最もよく表している一文を文章中から探し、初めの五字を抜き出しなさい。

□□□□□

(4) ――線④「いつもとは、勝手が違っていることに気がついた」について、次の問いに答えなさい。

その日に限って、黒革縅《くろかわおどし》の鎧《よろい》を着て、南蛮鉄《なんばんてつ》のかぶとをかぶっていた中村新兵衛は、③会心の微笑《びしょう》を含《ふく》みながら、猩々緋の武者の華々しい武者ぶりを眺《なが》めていた。そして自分の形だけすらこれほどの力を持っているということに、かなり大きい誇《ほこ》りを感じていた。

彼《かれ》は、二番槍は、自分が合わそうと思ったので、駒を乗り出すと、一文字《いちもんじ》に敵陣に殺到《さっとう》した。

猩々緋の武者の前には、戦わずして浮《う》き足立った敵陣が、中村新兵衛の前には、びくともしなかった。そのうえに彼らは猩々緋の「槍中村」に突き乱された恨《うら》みを、この黒革縅の武者の上に復讐《ふくしゅう》せんとして、たけり立っていた。

新兵衛は、④いつもとは、勝手が違《ちが》っていることに気がついた。いつもは虎《とら》に向かっている羊のようなおじけが、敵にあった。彼らがうろたえ血迷うところを突き伏せるのに、何の造作もなかった。今日は、彼らは対等の戦いをするときのように、勇み立っていた。どの雑兵《ぞうひょう》もどの雑兵も十二分の力を新兵衛に対し発揮した。二、三人突き伏せることさえ容易ではなかった。敵の槍の矛先《ほこさき》が、ともすれば身をかすった。新兵衛は必死の力を振《ふ》るった。平素の二倍もの力をさえ振るった。が、彼はともすれば突き負けそうになった。⑤手軽にかぶとや猩々緋を貸したことを、後悔《こうかい》するような感じが頭の中をかすめたときであった。敵の突き出した槍が、縅の裏をかいて彼の脾腹《ひばら》を貫《つらぬ》いていた。

菊池寛「形」〈「菊池寛全集」〉より

❶ いつもの敵の様子を、たとえを使って表している部分を、文章中から十六字で抜き出しなさい。

❷ いつもとの違いが分かる、一続きの二文を文章中から探し、初めの五字を抜き出しなさい。（句読点・符号《ふごう》も含《ふく》む）

(5) ――線⑤「手軽にかぶとや猩々緋を貸したことを、後悔するような感じ」がした理由を次から一つ選び、記号で答えなさい。

ア 「形」と力が釣《つ》り合っていないことに気づいたから。

イ 「形」が無いと実力が出せないことに気づいたから。

ウ 「形」が持つ力を軽んじていたことに気づいたから。

（　　）

ヒント

(3) 「会心の微笑」は、心から満足して笑《え》みを浮かべる様子。

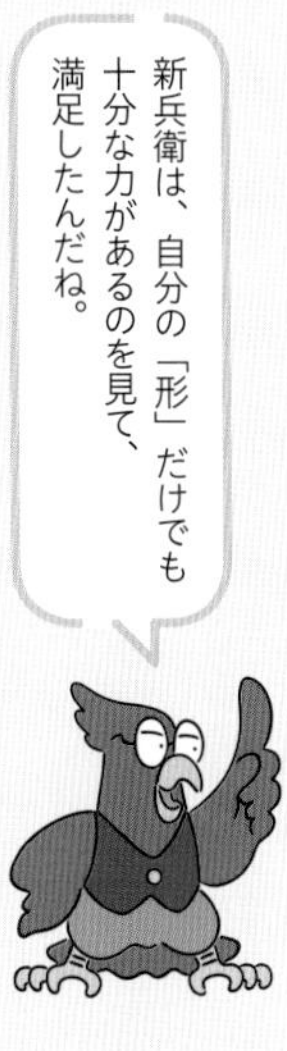
新兵衛は、自分の「形」だけでも十分な力があるのを見て、満足したんだね。

(5) 新兵衛は、「形」を持たずに戦ってみて初めて、「形」が敵の戦意を大きく左右していたことに気がついたのだ。

Step 1

百科事典少女

15分

❶ 文章を読んで、問いに答えなさい。

▼教 39ページ8行〜40ページ22行

Rちゃんは唯一《ゆいいつ》、レシートなしで読書休憩室《きゅうけいしつ》に出入りできるお客さんだった。厳密にいえばレシートを持っていないのだからお客ではないのだが、彼女《かのじょ》には①そういう細かいことを気にさせない妙《みょう》なふてぶてしさがあり、子供用ビニール椅子《いす》にその姿を認めても、アーケード中誰《だれ》も注意を払《はら》う人はいなかった。当然な顔をして、大胆《だいたん》に、彼女はそこに座《すわ》っていた。

けれど決して、私《わたし》たちは友達ではなかった。学校の教室で彼女は無口だった。キャーキャー言ってふざけたり、女の子どうし手をつないで廊下《ろうか》を歩いたり、交換《こうかん》日記をやりとりしたりするのが好きではないように見えた。いつでも堂々と、一人ぼっちでいた。私たちが遠足へ持ってゆくお菓子《かし》や、三つ編みを結《ゆ》わえる色付きゴムについて悩《なや》んでいる間、Rちゃんだけは一人、ほかの誰も思い及《およ》ばないような事柄《ことがら》、例えばイグアノドンの親指の形について、あるいは空気圧縮機の構造について、考えているかのようだった。

「どうしてあなた、うそのお話ばかり読んでるの?」

②だから読書休憩室でRちゃんから話しかけられたときは、驚《おどろ》いてうまく返事ができなかった。

「どうしてって言われても……。」

私の戸惑《とまど》いになど頓着《とんちゃく》せず、彼女は「あしながおじさん」の表紙

(1) ——線①「そういう細かいこと」とは、具体的にどんなことですか。文章中の言葉を使って、十五字以内で書きなさい。

(2) ——線②「Rちゃんから話しかけられたときは、驚いてうまく返事ができなかった」のはなぜですか。その理由に当てはまらないものを次から一つ選び、記号で答えなさい。

ア 「私」とRちゃんは友達とはいえない関係だったから。

イ 学校にいるときのRちゃんは無口だったから。

ウ Rちゃんの質問が難しくて答えられなかったから。

（　）

(3) ——線③「更にRちゃんは畳みかけてきた」とありますが、Rちゃんは「私」にどんなことを伝えようとしていますか。（　）に当てはまる言葉を、文章中からそれぞれ指定の字数で抜《ぬ》き出しなさい。

・「私」が読んでいるような(❶五字)は、みんな(❷七字)だということ。

❶

❷

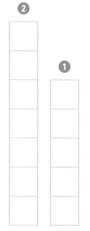

にちらりと目をやり、

「どうせハッピーエンドなんでしょう？　あしながおじさんは若くてかっこうよくてお金持ちで、そのうえ主人公の女の子にプロポーズするのよ。」

と言った。

「えっ……。」
③更《さら》にRちゃんは畳《たた》みかけてきた。
「こっちの女の子は先生の虐待《ぎゃくたい》にけなげに耐《た》えて、最終的にはダイヤモンド王の遺産をたっぷり相続するし、こっちの男の子は手に負えないいたずらっ子で小人にされちゃうけど、そのおかげでガチョウに乗れて、いつの間にやらりこうな少年になってるの。それでこっちの……。」

「だめ。それ以上は言わないで。まだ読んでないんだから。」

慌《あわ》てて私が制止すると、「ふうん。」と言ってようやく口をつぐんだ。

放課後、家の鍵《かぎ》とハンカチとちり紙を入れた手提《てさ》げ袋《ぶくろ》を持ち、ほとんど毎日Rちゃんはやってきた。手提げ袋には彼女の横顔に似た少女の姿がアップリケで縫《ぬ》い付けられていた。読書休憩室で彼女は、④学校とは全く別人のようにおしゃべりで、おせっかいで、いきいきとしていた。そこにたどり着いて、ようやく自分が吸うべき空気をとらえ、思う存分呼吸しているかのように見えた。手提げ袋を椅子の背もたれに引っかけ、両手が自由になるのと同時に、彼女の心も解放されるのだった。


小川洋子「百科事典少女」〈「最果てアーケード」〉より

(4) ――線④「学校とは全く別人のように」とありますが、学校でのRちゃんはどんな様子でしたか。□に当てはまる言葉を、文章中からそれぞれ抜き出しなさい。

・□□で、□□□していて、ほかの誰も思い及ばないような事柄を□□□□□ような様子。

(5) 「読書休憩室」は、Rちゃんにとってどんな場所ですか。次から一つ選び、記号で答えなさい。

ア 「私」と思う存分おしゃべりができるただ一つの場所。
イ 身も心も本当に自由に過ごせる居心地《いごこち》の良い場所。
ウ うそのお話の本ばかり置いてあるつまらない場所。

（　　）

ヒント

(1) 普通《ふつう》はレシートを持っている「お客さん」が使う場所を、Rちゃんだけは「レシートなし」で出入りしている。

(2) 「だから……」の前の部分をよく読もう。

(3) Rちゃんが挙げている「お話」は、どれも最終的に主人公が幸せになるという内容だ。

仲良しではないし、いつも無口な子から話しかけられたんだ。

(5) 学校にいるときのRちゃんとは様子が違っているよ。

Step 2

百科事典少女

20分

/100

目標 75点

1 文章を読んで、問いに答えなさい。思

▼教 46ページ7行～47ページ33行

［百科事典を最後まで読もうとしていたRちゃんは、病気でなくなった。Rちゃんがなくなって半年ほど後、Rちゃんのお父さん（紳士《しんし》おじさん）が読書休憩《きゅうけい》室にやって来るようになった。］

おじさんは毎回、アーケードで何かしら小さな買い物をした。もともとアーケードには大仰《おおぎょう》な商品を扱《あつか》う店は少ないのだけれど、その中でも①ことさらに小さな品が選ばれた。絵はがき一枚、ピンブローチ一個、石英一欠け、ねじ一本。どれもこれも手提《てさ》げ袋《ぶくろ》に入る大きさのものばかりだった。読書休憩室へ通うたび品物は増え、手提げ袋は少しずつ膨《ふく》らんでいった。

おじさんはただ単に百科事典を読むのではなかった。第一巻の、あ、から始まって順番に一ページずつ、一字残らず全部、大学ノートに鉛筆《えんぴつ》で書き写していったのだ。

なぜ②そんなことをするのか、私《わたし》は一度だけ父に尋《たず》ねたことがある。

③「さあ、どうしてだろうねえ。」

曖昧《あいまい》な口調で父は言った。しかしそこには、訳が分からないというニュアンスではなく、余計な口出しをせずに見守りたいという静かな理解が含《ふく》まれていた。

「あのとき、百科事典を買っておいて本当によかった。」

(1) ——線①「ことさらに小さな品が選ばれた」のはなぜですか。簡潔に書きなさい。

(2) ——線②「そんなこと」とありますが、

❶ どんなことですか。「ノート」という言葉を使って書きなさい。

❷ ❶を言いかえた八字の言葉を、文章中から抜《ぬ》き出しなさい。

点UP

(3) ——線③「さあ、どうしてだろうねえ」と答えたときの父の様子として最も適切なものを次から一つ選び、記号で答えなさい。

ア 訳の分からない行動をする紳士おじさんに疑問を抱《いだ》いている。

イ 百科事典を買っておいた自分の行動の正しさに満足している。

ウ 娘をなくした父親の気持ちを思い静かに見守ろうとしている。

(4) ——線④「そこでは動物が……にらみ合っている」が表していることを、次のようにまとめました。（　）に当てはまる言葉を、「百科事典」「世界」という言葉を使って書きなさい。

・（　　　　）が、五十音順に並べられていること。

(5) ——線⑤「ただべべだけは違った」とは、どういう意味ですか。次から一つ選び、記号で答えなさい。

ア べべは紳士おじさんの足元にいてもよいという意味。

イ べべは紳士おじさんの邪魔をしてもよいという意味。

ウ べべは中庭から紳士おじさんを見てはいけないという意味。

点UP

(6) 紳士おじさんの行動には、どんな意味がありますか。「探索」「身代わり」という言葉を使って書きなさい。

そう、父はつぶやいた。

それは果てしのない作業だった。一日に数時間、来る日も来る日もただひたすら百科事典を書き写し続ける。小さい椅子《いす》に体を押《お》し込《こ》め、背中を丸め、一字一句間違《まちが》えないよう息を詰《つ》める。④そこでは動物が駆《か》け回り、歴史上の偉人《いじん》がたたえられ、惑星《わくせい》が瞬《またた》き、工業機械が分解されている。同じページの中で、河童《かっぱ》とカッパドキアと活版印刷が仲良く並び、椰子蟹《やしがに》とやじろべえとヤスパースがにらみ合っている。もちろん、アッピア街道《かいどう》もまっすぐに延びている。

次々と大学ノートが文字で埋《う》まってゆき、鉛筆は短くなってゆく。背中が痛み、ノートは汗《あせ》で湿《しめ》り、目はかすんでくるが、紳士おじさんは投げ出さない。理由も考えないし、むきにもならない。この世界を形作っている物事を一個一個手に取り、じっくりと眺《なが》め、感《かん》触《しょく》を確かめてからまた元の場所に戻《もど》す。それを延々と繰《く》り返す。かつて娘《むすめ》が探索《たんさく》した道をたどり、僅《わず》かな気配でも残っていないかと目を凝《こ》らし、どんなに望んでも彼女《かのじょ》が行き着けなかった道を、身代わりとなって踏《ふ》みしめる。

ホットレモネードを一杯《ぱい》注いだ後、私は紳士おじさんの邪魔《じゃま》にならないよう、中庭から読書休憩室を見つめた。⑤ただベベだけは違った。ベベはどんなに近くにいても、何の差し障《さわ》りにもならなかった。Rちゃんのときと同じようにベベは、おじさんの足もとに寝《ね》そべり、ときどき尻尾《しっぽ》で床《ゆか》を掃《は》きながら、鉛筆の音に耳を澄《す》ましていた。


小川洋子「百科事典少女」〈「最果てアーケード」〉より

❷ ——線のカタカナを漢字で書きなさい。

❶ ハイザイを利用した家具。
❷ 暑くて喉《のど》がカワいた。
❸ 液体チッソで冷却《れいきゃく》する。
❹ 道路のホソウ工事が進む。

❶							
(1)	(2) ❶	(2) ❷	(3)	(4)	(5)	(6)	
10点	15点	10点	10点	15点	5点	15点	

❷	
❶	❷
❸	❹
各5点	

成績評価の観点 思…思考・判断・表現

Step 2

日本語探検2 間違《まちが》えやすい敬語／漢字道場2 熟語の構成・熟字訓

（形～漢字道場2 熟語の構成・熟字訓）

20分

／100 目標 75点

1 ――部の漢字の読み仮名《がな》を書きなさい。

① 恨みを持つ。
② 初老の紳士。
③ 頓着しない。
④ 手提げ袋《ぶくろ》。
⑤ 月賦で買う。
⑥ 古い街道。
⑦ 要塞のような家。
⑧ 探索する
⑨ 目を凝らす。
⑩ 秀逸な出来。
⑪ 凡庸な答え。
⑫ 何の変哲もない。
⑬ 凄絶な人生。
⑭ 緻密な計算。
⑮ 恣意的な解釈《かいしゃく》。

1
①	②	③	④
⑤	⑥	⑦	⑧
⑨	⑩	⑪	⑫
⑬	⑭	⑮	

各2点

2 カタカナを漢字に直しなさい。

① アラシの夜。
② トラがほえる。
③ キュウケイ室
④ 木のイス。
⑤ ユイイツの方法。
⑥ ダイタンな発想。
⑦ 髪《かみ》をユわえる。
⑧ カギをなくす。
⑨ 美しいハナゾノ。
⑩ コウモクに分ける。
⑪ ヒフが弱い。
⑫ エンリョ深い。
⑬ ユイゴンに従う。
⑭ ザンシンな発想。
⑮ カンペキな答え。

2
①	②	③	④
⑤	⑥	⑦	⑧
⑨	⑩	⑪	⑫
⑬	⑭	⑮	

各2点

❸ 次の各文中の——部の敬語の使い方が正しいものには○を書き、間違っているものは正しく直して書きなさい。

❶ お客様、どうぞお茶をいただいてください。

❷ その点は、校長先生のおっしゃるとおりです。

❸ はい、母がそのように申していました。

❹ 先生、夏休みの課題をお持ちになりました。

❺ お客様、我《わ》が社の社長は今外出されております。

❻ 先生、ノートは明日私《わたし》にお返ししてください。

❼ 担当の方がお留守なので、明日また参ります。

❸	
❶	❷
❸	❹
❺	❻
❼	

各4点

❹ 次の熟語の構成を後から選び、記号で答えなさい。

❶ 仮定　❷ 豊富　❸ 握手《あくしゅ》

❹ 地震《じしん》　❺ 強風　❻ 問答

ア 上が連体修飾《しゅうしょく》　イ 二字が対《つい》になる　ウ 二字が似た意味

エ 上が連用修飾　オ 主・述の関係　カ 下が目的や対象

❹		
❶	❷	❸
❹	❺	❻

各2点

テストに出る

敬語の間違えやすいポイントを押《お》さえよう

● 尊敬語と謙譲《けんじょう》語を取り違える

・「お(ご)……になる」は尊敬語、「お(ご)……する」は謙譲語。

・自分自身や、自分の身内に関することには尊敬語を用いない。

● 過剰《かじょう》な敬語を使う

・敬語を二重、三重に重ねて使わない。

・相手側のことであっても、むやみに敬語表現にするとかえって失礼な印象を与《あた》える。

Step 1

絶滅《ぜつめつ》の意味

❶ 文章を読んで、問いに答えなさい。

▼教 63ページ1行〜65ページ16行

温暖化や気候変動と並んで、「①生物の絶滅」が、地球環境《かんきょう》問題の一つに取り上げられている。

日本では、二〇〇三（平成15）年、佐渡島《さどがしま》で日本産トキの最後の個体「キン」が死亡し、日本産のトキが絶滅したことが話題となった。ほかにも、ニホンオオカミが約百年前に絶滅したし、ニホンカワウソも既《すで》に絶滅したとされている。また、近年では、三十年から四十年前にはどこにでもあった里山の植物や昆虫《こんちゅう》がどんどん少なくなっている。小川やたんぼのメダカも、絶滅が危惧《きぐ》されるほどに数を減らしている。

【環境省の調査によると、日本の陸上・陸水生物のうち、歴史上分かっているだけで、動物四十八種、植物六十二種が既に絶滅し、更《さら》に、三千六百種以上の生物が絶滅の危機にさらされている。地球全体には、まだ人間に発見されていない種も含《ふく》めて、八百万種から三千万種の生物がすんでいると考えられているが、このうち、毎年四万種が絶滅しているという推定もある。】

しかし、私《わたし》たちは、化石などの資料から、過去には今と違《ちが》った生物が生きていて、それらが絶滅したことを知っている。今から六千五百万年前には、それまで繁栄《はんえい》していた恐竜《きょうりゅう》を含め、多くの生物が絶滅した。地球の長い歴史の中で、このような大量絶滅は過去

(1) ――線①「生物の絶滅」とありますが、日本で絶滅したとされている生物の名前を三つ、文章中から抜《ぬ》き出しなさい。

(2) 【 】で囲んだ段落の、この文章の中での役割を次から一つ選び、記号で答えなさい。

ア 筆者の意見と違う意見を取り上げて、それに反論している。
イ 具体例や数値を挙げて、筆者の主張の説得力を高めている。
ウ 前に述べたことを根拠《こんきょ》として、筆者の主張を展開している。

❶ (3) ――線②「現代の絶滅が……問題なのだろうか」とありますが、このような疑問が出てくる理由を次から一つ選び、記号で答えなさい。

ア 地球全体で見れば、まだ人間が発見していない生物がいるから。
イ 生物の絶滅よりも温暖化や気候変動の方が重大な問題だから。
ウ 地球上では、過去にも多くの生物の絶滅が起こっているから。

15分

に五回起こったといわれている。このように、過去にも絶滅は起こっていることを考えると、②現代の絶滅がどうして問題なのだろうか。

現代の絶滅と過去の絶滅の大きな違いは、そのスピードと原因である。

過去に起こった絶滅は、かなりゆっくりしたスピードだったと考えられている。恐竜の絶滅が起こった時代でも、千年に一種くらいのスピードだったと考えられているのである。これに対して、西暦《せいれき》一六〇〇年から一九〇〇年の間に記録された絶滅のスピードは、平均で四年に一種であった。更に、③近年は絶滅スピードが速くなっている。現代の絶滅は、過去の地球の歴史ではありえないくらい速いスピードなのである。

また、過去の大量絶滅を引き起こした原因は、火山の大噴火《ふんか》、隕《いん》石《せき》の衝突《しょうとつ》、あるいは、それらによって太陽の光が遮《さえぎ》られたり海の酸素がなくなったりするという環境変化であった。これに対して、現代の絶滅の原因は、人間が狩《か》りや漁獲《ぎょかく》、採集などで生物を利用しすぎてしまう、森林を農地に変えたり、湖を埋《う》め立てたりなどの開発によって生物の生きていける環境がなくなる、外国や遠く離《はな》れた場所から、これまでいなかった生物が移入されて繁殖《はんしょく》し、もともとすんでいた生物が生きていけなくなるといったことであり、これらは全て人間が引き起こしたことなのである。

中静 透「絶滅の意味」より

---

❷ この疑問への答えを、次のようにまとめました。（　）に当てはまる言葉を文章中からそれぞれ指定の字数で抜き出しなさい。

・現代の絶滅と過去の絶滅は、（ⓐ四字）や（ⓑ二字）が違うから。

ⓐ □□□□　ⓑ □□

(4) ——線③「近年は絶滅スピードが速くなっている」とありますが、具体的にどのくらいのスピードですか。文章中から八字以内で抜き出しなさい。

□□□□□□□□

(5) 現代の絶滅と、過去の絶滅の原因の違《ちが》いを、次のようにまとめました。（　）に当てはまる言葉を文章中からそれぞれ指定の字数で抜き出しなさい。

・過去の絶滅の原因は（❶四字）であった。一方、現代の絶滅は（❷九字）ことが原因である。

❶ □□□□　❷ □□□□□□□□□

ヒント

(2) 「生物の絶滅」という問題の深刻さを示すために、調査の結果などを挙げて裏づけているよ。

(3) 現代の絶滅は、自然の環境変化によって引き起こされてきた過去の絶滅とは性質が異なるので、問題視されている。

Step 2

絶滅《ぜつめつ》の意味

20分

/100
目標 75点

❶ 文章を読んで、問いに答えなさい。 思

▼教 67ページ19行〜70ページ9行

生態系が私《わたし》たち人間にもたらす恩恵《おんけい》とは、具体的には何だろうか。

第一に、生態系は、光合成により酸素を生成し、土壌《どじょう》を形成し、栄養を循環《じゅんかん》させ、水を循環させるといった、私たち①人間の生存に不可欠な基盤《きばん》を提供している。

第二に、生態系は環境を調整する働きを持っていて、そのために私たちは安定した生活を送ることができる。森林があることで気候が緩和《かんわ》され、洪水《こうずい》が起こりにくくなり、また、健全な河川《かせん》では流れるうちに水が浄化《じょうか》される。ほかにも、生態系は病気や害虫を制御《せいぎょ》するという重要な調整を行っている。病気や害虫は、同じ種の生物や均質な遺伝的性質を持つ生物の大集団で大発生しやすい。しかし、正常な自然の生態系では②多様な生物が存在しているため、ある病気や害虫のみが爆発《ばくはつ》的に増加することは起こりにくいのである。

第三に、私たちは生態系から、水や食物、燃料、木材、薬品など人間生活にとって重要な資源を得ている。また、これらの資源は、直接利用されるばかりでなく、経済的に取り引きされており、経済的な価値をも有している。なかには、香木《こうぼく》のように熱帯の原生林の中にまれに見つかるために珍重《ちんちょう》されて高い価値を持ち、地域の住民の生活に大きな経済的貢献《こうけん》をしているような産物もある。

第四に、③生態系はそれぞれの地域の文化を形作るのに、大切な役

(1) ――線①「人間の生存に不可欠な基盤」に当たるものを、文章中から四つ抜《ぬ》き出しなさい。

(2) ――線②「多様な生物が存在している」ことによって、生態系はどんな働きができますか。文章中の言葉を使って答えなさい。

(3) ――線③「生態系はそれぞれの地域の文化を形作るのに、大切な役割を果たしている」とありますが、日本にはどんな例がありますか。文章中の言葉を使って書きなさい。

(4) ――線④「こうした生物」の指す内容を、次のようにまとめました。（　）に当てはまる言葉を、文章中からそれぞれ七字で抜き出しなさい。

・衣装や装飾に見られる（❶）の由来となった、（❷）生物。

点UP

(5) 「生物の絶滅」という問題についての筆者の主張と最も近いものを次から一つ選び、記号で答えなさい。

ア 人間にはあまり影響しないが、大多数の生物にとっては深刻だ。
イ 一見影響がないように見えても、人間にとって大きな問題だ。
ウ 重大な問題だが、予測は可能なので適切な対策をとればよい。

(6) 筆者の主張とは異なる主張が書かれている一文を文章中から探し、初めの五字を抜き出しなさい。

点UP

(7) (6)に対して筆者が反論していますが、筆者が根拠としている事実は何ですか。「複雑」「予測」という言葉を用いて書きなさい。

割を果たしている。例えば、日本の伝統色の名前には生物の名前がたくさん使われている。長崎盛輝《ながさきせいき》氏の「日本の伝統色」という本から色の名前を拾ってみると、全二百二十五色のうち百四十六色が生物にちなんだ名前を持っている。また、日本には日本独特の模様があり、それにはたくさんの生物がモチーフに使われている。同じように世界各地のいろいろな民族にもその土地固有の生物に由来する独特のデザインがあり、衣装《いしょう》や装飾《そうしょく》に使われている。それらを見ると、私たちはどの民族のものかを認識《にんしき》することができるし、当事者たちも、自らの出自を確認できる。④こうした生物を失うことは、その地域の文化そのものを失うことに等しいといえる。

　このように、多様な生物から成る生態系は、私たち人間にも多大な恩恵をもたらしていることが分かる。だからこそ、生物の絶滅の問題を、人間に影響《えいきょう》のないものと安易に考えて見過ごしてはならないのである。

　これに対して、絶滅してもかまわない生物もいるのではないか、と主張する人もいる。絶滅しても生態系に大きな影響を及《およ》ぼしそうにもない生物や、人間におよそ恩恵をもたらしそうにもない生物もいる、というのがその根拠《こんきょ》だ。

　だが実際には、ある生物の絶滅が生態系にどれくらいの影響を与《あた》えるかを推《お》し量ることは、容易ではない。生態系の仕組みはたいへん複雑で、僅《わず》かな条件の違《ちが》いがどのような結果を生むかの予測は極《きわ》めて難しいのである。

中静 透「絶滅の意味」より

❷ ――線のカタカナを漢字で書きなさい。

① 美しい色のコンチュウ。　② 絶滅がキグされる生物。

③ 森の木をバッサイする。　④ 雲が太陽の光をサエギる。

❶ (1)	(2)	(3)	(4) ①	(4) ②	(5)	(6)	(7)		❷ ①	❷ ②	❷ ③	❷ ④
完答10点	15点	10点	5点	5点	10点	10点		15点	各5点			

Step 2

日本語探検3 連語・慣用句／漢字道場3 四字熟語

（絶滅《ぜつめつ》の意味〜漢字道場3 四字熟語）

20分

／100

目標 75点

1 ――部の漢字の読み仮名《がな》を書きなさい。

1 狩りをする。
2 土壌中の養分。
3 海藻を食べる。
4 均衡を保つ。
5 潤沢な資金。
6 事例を網羅する。
7 妥当な判断。
8 格闘技
9 傘を忘れる。
10 深謀遠慮《えんりょ》
11 換骨《かんこつ》奪胎
12 金策に奔走する。
13 時期尚早
14 閑話休題
15 情状酌量の余地。

1

1	5	9	13
2	6	10	14
3	7	11	15
4	8	12	

各2点

2 カタカナを漢字に直しなさい。

1 キョウリュウの卵。
2 セイレキを使う。
3 桜島《さくらじま》のフンカ。
4 危険なドクヘビ。
5 犬にエサをやる。
6 水のジュンカン。
7 ジョウカした水。
8 速度のセイギョ。
9 地域へのコウケン。
10 レンサ反応
11 フンキュウする。
12 冠婚《かんこん》ソウサイ
13 老若《ろうにゃく》ナンニョ
14 キバ民族
15 一朝イッセキ

2

1	5	9	13
2	6	10	14
3	7	11	15
4	8	12	

各2点

❸ 次の言葉が連語になるように、（　）に当てはまる語をあとから一つずつ選び、記号で答えなさい。（それぞれの語は一度しか選べません。）

❶ 朝日が（　　）
❷ 汗《あせ》を（　　）
❸ 知恵《ちえ》を（　　）
❹ 指揮《しき》を（　　）
❺ 采配《さいはい》を（　　）
❻ 愛想《あいそ》を（　　）
❼ 碁《ご》を（　　）
❽ 説明が（　　）

ア 振《ふ》る　イ 絞《しぼ》る　ウ とる
エ つく　オ かく　カ つかす
キ 打つ　ク 差す

❸	
❶	❺
❷	❻
❸	❼
❹	❽

各2点

❹ 次の各文の——部が慣用句になるように、（　）に当てはまる漢字一字を書きなさい。

❶ 特訓のおかげで、上級生と（　　）を並べるほど上達した。
❷ 弟と彼《かれ》は、犬《けん》（　　）の仲だ。
❸ あの店員は、いつも木で（　　）をくくったような態度だ。
❹ 明日からテストなんて、寝耳《ねみみ》に（　　）の話だ。

❹
❶
❷
❸
❹

各3点

❺ 次の各語が四字熟語になるように、（　）に当てはまる漢数字を書きなさい。

❶ 三寒（　　）温
❷ （　　）転八倒《ばっとう》
❸ 千差（　　）別
❹ （　　）里霧中《むちゅう》

❺
❶
❷
❸
❹

各3点

Step 1

恩返しの井戸を掘《ほ》る

15分

❶ 文章を読んで、問いに答えなさい。

▼教 88ページ32行～90ページ4行

　四年三か月にわたる旅を終え、帰国した僕《ぼく》は、自分の経験を本につづった。本の印税で、助けてくれた人たちに①恩返しをしようと考えたとき、最初に思い浮《う》かんだのは、村の最後の薬で命を救ってくれたシェリフ医師だった。

　二〇〇三年七月、僕はギニアに渡《わた》り、七年ぶりに命の恩人シェリフに再会した。当時不足していたマラリア治療《ちりょう》薬など、たくさんの薬を持っていった。そのとき、薬も必要だが、②もっと必要なのは、きれいな水を手に入れるための井戸だと聞かされた。当時のギニアの平均寿命《じゅみょう》は、四十六歳《さい》。安全な水が手に入らず、風土病で命を落とす人は少なくなかった。

　僕はギニアに井戸を掘ることを思いついた。シェリフに相談すると、既《すで》に井戸のあるカリヤ村ではなく、山岳《さんがく》地にある③ドンゴル村はどうかと提案してくれた。その村はシェリフのお父さんの村で、井戸も病院も学校もない。バケツ一杯《ぱい》の水を一時間かけて谷川までくみに行っているが、川は病原菌《きん》や寄生虫、家畜《かちく》によって汚染《おせん》され、風土病の温床《おんしょう》となることもある。しかも、乾季《かんき》には全く雨が降らないという状態だ。

　僕はドンゴル村に井戸を掘ることを決め、村長に井戸の維持《いじ》管理を行う「④水管理委員会」を組織してもらった。資金を用意し、井戸

(1) ――線①「恩返し」とありますが、「僕」はギニアの人々にどんな恩返しをしましたか。次から二つ選び、記号で答えなさい。

ア　お金をあげた。　　イ　薬を持っていった。

ウ　井戸を掘ることにした。　　エ　病院を建てた。

オ　毎年会いにいった。

（　　）（　　）

(2) ――線②「もっと必要なのは、きれいな水を手に入れるための井戸だ」とありますが、なぜ、薬よりも井戸が必要なのですか。（　）に当てはまる言葉を文章中から二十字で抜《ぬ》き出しなさい。

・（　　　　）人が多いから。

(3) ――線③「ドンゴル村」に井戸が必要な理由が分かる一続きの二文の、初めの五字を抜き出しなさい。

を作ること自体は僕が何とかできる。だが、それ以上に、作った井戸の維持管理を村人たち自身で行えるようにすることが大切だと考えたのだ。

　日本とギニアを行き来しながら、計画を進めていたが、途中《とちゅう》で壁《かべ》にぶつかった。ギニアの井戸掘り業者に事情を話しても、なかなか取り合ってもらえない。それどころか、外国人である僕は、高い値段を吹《ふ》っかけられてしまうのだ。落ち込《こ》む僕を見て、シェリフがついに立ち上がった。

「タツ、僕が全ての指揮を執《と》る。技術者を雇《やと》い、セメント、砂、鉄筋は安く仕入れて、労働には村人を参加させる。維持管理は、水管理委員会に全て任せる。」

　彼《かれ》はすぐに、現場監督《かんとく》と井戸掘り職人を探してきた。僕に渡航《とこう》の負担をかけているのだからと、自分が現地の責任者となって動いてくれたのだ。

　一方、ドンゴル村では、水管理委員会が井戸の維持費のための積み立て金を集めていた。会計係が差し出した集金ノートと輪ゴムで留めた現金の束を見て、⑤僕は感動で鳥肌《とりはだ》が立った。現金収入がほとんどないこの村で、どうやってこんなにお金を集めたのだろう。みんなの本気が伝わってきた。


坂本達「恩返しの井戸を掘る」〈「ほった。4年3カ月も有給休暇《きゅうか》をもらって自転車で世界一周し、今度はアフリカにみんなで井戸を掘っちゃった男」〉より

(4)　――線④「水管理委員会」は何をするために組織されましたか。次から一つ選び、記号で答えなさい。
ア　井戸を掘るために必要なお金を用意するため。
イ　作った井戸の維持管理を村人の手で行うため。
ウ　ギニアの村に井戸を掘る活動を広めるため。
（　　）

(5)　――線⑤「感動で鳥肌が立った」とありますが、「僕」はどんなことに感動したのですか。次から一つ選び、記号で答えなさい。
ア　水管理委員会の会計係が、集金をきちんとやっていたこと。
イ　現金収入がほとんどない村で、たくさんのお金が集まったこと。
ウ　村のみんなが本気で井戸を作ろうとしている気持ちが伝わってきたこと。
（　　）

ヒント

(2)　井戸の水は、谷川の水よりも「安全な水」なんだ。
(3)　ドンゴル村には「井戸も病院も学校もない」。その中で、井戸は水の問題に関係するものだね。
(5)　集まったたくさんのお金から、「僕」は「みんなの本気」を感じ取っている。

川の水は安全ではなく、くみに行くのも大変なんだ。

Step 2

恩返しの井戸を掘《ほ》る

20分

／100

目標 75点

1 文章を読んで、問いに答えなさい。 恩

▼教 90ページ12行〜91ページ24行

二〇〇五年五月、掘削《くっさく》現場を訪《おとず》れた僕《ぼく》は、それまでになかった、りっぱな井戸を見つけた。「水が出た。」という報告は、日本で受けていたが、まだ信じられなかった。①坂道を転がるように下り、セメントで固められた深い井戸をのぞき込《こ》む。底には透《す》き通ったきれいな水がたっぷりとたまっていた。本当にできたんだ。

村人の代表が、井戸に取り付けた手押《てお》しポンプを上下に動かす。ギッ、ギッ……。みんなが息をのんで見守る中、ついに透明《とうめい》な水が出た！

僕らはみんなで握手《あくしゅ》をして喜びを分かち合った。子供たちは、不思議そうにポンプの先から出る水を見つめている。村人たちの笑顔《えがお》、特に女性が手をたたいて喜ぶ姿がうれしかった。

この井戸は、村人総出の手作りでできた井戸だ。子供たちが車の入れる道を切り開き、職人たちが朝から晩まで掘り続け、村人がバケツで土を運び出し、女性が川から運んできた水をセメントに混ぜ、幼稚《ようち》園児くらいの子供までも砂利《じゃり》を集めて手伝った。女性も子供もお年寄りもみんなが汗《あせ》を流した。彼《かれ》らの「②自分たちの井戸だ。」という強い気持ちが伝わってくる。

③僕は胸がいっぱいになり、関わった全ての人に感謝の気持ちを伝えたくなった。

(1) ——線①「坂道を転がるように下り」という表現から、「僕」のどんな気持ちが読み取れますか。「水」という言葉を使って、考えて書きなさい。

(2) ——線②「自分たちの井戸だ」とありますが、村人たちがそう思う理由を書きなさい。

(3) ——線③「僕は胸がいっぱいになり」とありますが、このときの「僕」の気持ちに当てはまらないものを次から一つ選び、記号で答えなさい。

ア 井戸が完成し、みんなが喜ぶ姿を見られてうれしい気持ち。

イ 井戸作りに関わった人たちみんなに感謝したい気持ち。

ウ もう日本に帰らなければならないのでさびしい気持ち。

点UP

(4) ——線④「恩返し」とありますが、「僕」は、井戸を掘ること以外に何をすることが恩返しになると考えていますか。文章中の言葉を使って書きなさい。

(5) 「僕」はギニアを訪問したことによって、どのようなことに気づいたのですか。具体的に説明した部分を四十字で探し、初めと終わりの三字を抜《ぬ》き出しなさい。

点UP

(6) ——線⑤「豊かさ」とありますが、「僕」が考える豊かさとは、どのようなことだと思いますか。考えて書きなさい。

僕がギニアをたつとき、シェリフは言った。

「タツのおかげで村に井戸ができて本当に感謝している。でも、タツが毎年、僕たちのことを忘れずに会いに来てくれることが、実はいちばんうれしいんだ。」

僕は、④恩返しのつもりでギニアを訪れていたのだが、シェリフや村人たちに心からもてなしてもらい、水や命の大切さ、家族の大切さ、分け合うこと、みんなで作りあげること、感謝の気持ちなど、本当に大切なことにたくさん気づかせてもらった。

水や薬があるからといって豊かになるわけではない。逆に彼らから⑤豊かさについて教えられているような気がしてならない。僕が日本で自分の体験を語ったり、豊かさについて子供たちと考えたりすることも、恩返しの一つだと思う。これからも出会った人に感謝しながら、恩返しを続けていきたい。

坂本達「恩返しの井戸を掘る」〈「ほった。4年3カ月も有給休暇《きゅうか》をもらって自転車で世界一周し、今度はアフリカにみんなで井戸を掘っちゃった男」〉より

❷ ――線のカタカナを漢字で書きなさい。

❶ 宿にトまる。
❷ シンリョウ所の医師。
❸ アルバイトをヤトう。
❹ ホテルにタイザイして過ごす。

❶						
(1)	(2)	(3)	(4)	(5)	(6)	
10点	15点	10点	15点	〜 10点	20点	

❷	
❶	❷
❸	❹
各5点	

成績評価の観点 思…思考・判断・表現

Step 1

幸福について

15分

❶ 文章を読んで、問いに答えなさい。

▼㊎96ページ9行〜98ページ16行

カイ お金がなければ幸福は手に入らないよ。
トッポ そうかなあ。幸福っていうのは喜びを感じることだと思うな。
カイ だって、お金があれば欲《ほ》しいものが買えるじゃない。
トッポ だけど、お金で人の気持ちは買えないよ。
グー 安いものでもちょうど欲しかったものってうれしいよね。
トッポ 金持ちでも自分のことを幸福とは感じてない人もいると思うよ。結局、幸福って、その人の気持ちの問題じゃないかな。
カイ でも、やっぱりお金は必要でしょ?
グー ちょっと待って。何《なん》かごちゃごちゃしちゃった。
カイ 意見が分かれたからね。
グー 分かれたっていうより、幸福って何《なん》だろうという話と、どうすれば幸福になれるかという話が交ざってない?
トッポ ①同じことじゃないの?
グー そうかなあ。それが何《なに》かっていうことと、それはどうすれば手に入るのかっていうことは別だと思うけど。
トッポ よく分からないな。どう違《ちが》うの?
カイ ああ、そうか。例えばさ、テレビとは何《なに》かっていう話とテレビはどうやって作るのかっていう話は別だよね。

(1) ❶「カイ」と❷「トッポ」は、幸福とはどんなことだと考えていますか。文章中からそれぞれ五字以上十字以内で抜《ぬ》き出しなさい。

❶ カイ ［　　　　　　　　　　］こと。
❷ トッポ ［　　　　　　　　　　］こと。

(2) ――線①「同じこと」とありますが、トッポは、何と何を同じだと言っていますか。次から一つ選び、記号で答えなさい。

ア お金は必要だということと、お金で買えないものがあること。
イ 幸福であるということと、お金持ちであるということ。
ウ 幸福とは何かということと、どうすれば幸福になれるかということ。

(　　)

(3) ――線②「まず幸福とは何かを考えるのが先かな」とありますが、その理由を次のようにまとめました。(　)に当てはまる言葉を、あとからそれぞれ選び、記号で答えなさい。

・まず幸福とは何かという(❶)を明らかにしないと、幸福を手に入れる(❷)を考えることはできないから。

ア 定義　イ 理念
ウ 原因　エ 方法

❶(　　) ❷(　　)

トッポ　それはそうだね。……幸福とは何《なに》か。どうすれば幸福になれるか。……関係するけど、違う問題か。

グー　幸福はお金で買えるかというのは、どうすれば幸福になれるかという話で、幸福は喜びを感じることだというのは、幸福とは何《なに》かという話になるのかな。

カイ　うん。そうしたら、②まず幸福とは何《なに》かを考えるのが先かな。幸福が何《なん》なのかが分からなかったら、どうすれば幸福になれるのかも分からないものね。

——なるほど、と私《わたし》は感心した。実は、私は教師をしている。生徒たちの議論を見ていると、ただ自分の意見を言い合うだけになってしまうことが多い。授業での③議論の仕方をきちんと教えたいと思っていたところだったのだ。

④これは生徒たちだけでなく、私たちにもありがちなことなのだが、しばしばいくつかの異なる問題を同時に議論してしまう。しかし、区別すべき問題をきちんと分けないで議論しても、混乱するだけでしかない。問題を分けて一つずつ議論していくこと。これは議論の仕方のだいじな技術である。

今は「幸福とは何《なに》か」と「どうすれば幸福になれるのか」という二つの問題がいっしょになって混乱しそうになっていた。そこを⑤うまく整理して、まずは「幸福とは何《なに》か」という問題に焦点《しょうてん》が絞《しぼ》られたようだ。

野矢茂樹「幸福について」より

(4) ——線③「議論の仕方」で、大事なことは何ですか。最も適切なものを次から一つ選び、記号で答えなさい。

ア　それぞれ自分の意見を言い合うこと。
イ　問題を分けて一つずつ考えること。
ウ　異なる問題を同時にあつかうこと。

（　　）

(5) ——線④「これ」が指すものを、「(　)こと。」に当てはまるように文章中から二十五字で探し、初めの五字を抜き出しなさい。

□□□□□

(6) ——線⑤「うまく整理して」とありますが、カイ・トッポ・グーの会話で、議論を整理する役割をしていたのは誰《だれ》ですか。名前を書きなさい。

（　　）

ヒント

(2) グーはどんな話が交ざっていると言っているのか。

(5) 「これは……だが」は、このあと述べることを指している。

(6) 二つの問題が交ざっていることに気づいたり、どちらを先に考えた方がよいか提案したりしている人物を探そう。

Step 2

幸福について

20分

／100 目標 75点

1 文章を読んで、問いに答えなさい。思

▼教 101ページ12行〜103ページ12行

トッポ ……確かに、麻薬《まやく》の例は不幸だと思う。だけど、その人が幸福だって感じてるのに、周りがそれを否定することなんて、できるのかなあ。

カイ 逆はどうだろう。本人が幸福だと感じてなくても、客観的に見て幸福だってことは、あるかな。

グー あると思うけど……。

トッポ 本人が感じてなければそれは幸福とは言えないでしょう。

グー ①平和はどうかな。平和ってさ、慣れちゃうとあたりまえに思って何《なに》も感じないかもしれないけど、幸福だよね。

トッポ 平和かあ。でも、平和って、つまり安らぎのことじゃない？ 喜びとは違《ちが》うけど、安らぎも幸福感の一つだと思うな。だから、平和も結局は本人が感じることだよ。

カイ そうかなあ。平和かどうかは本当にその人の感覚の問題なのかな。……難しいね。だけどさ、平和の例は②微妙《びみょう》だとしても、麻薬なんかの例は、本人がどう感じていようと客観的に不幸だよね。

トッポ 麻薬の例は③そうだろうけど、でも、ケーキを一つ食べて喜びを感じるかどうかは人それぞれだし、一個のケーキでその人が喜んでるんだったら、その幸せは誰《だれ》も否定できないでしょう。

カイ てことはさ、何《なに》が幸せかはある程度は人それぞれなんだけど、

(1) ——線①「平和はどうかな」とありますが、グーは「平和」をどんなことの例として挙げていますか。文章中から一文で探し、初めの五字を抜《ぬ》き出しなさい。

(2) ——線②「微妙だ」とありますが、平和についてどのように考えることが「微妙」なのですか。次の文の（ ）に当てはまる言葉を文章中から九字で抜き出しなさい。

・平和かどうかを（　　　）として考えること。

(3) ——線③「そう」が指すものを、文章中から六字で抜き出しなさい。

(4) ——線④「追及され」の意味として最も適切なものを次から一つ選び、記号で答えなさい。

ア 考えを伝えたが全て否定されたという意味。
イ 考えの不明確な点を指摘《してき》されたという意味。
ウ 考えが正しく理解されなかったという意味。

(5) ——線⑤「ついていきたかった」のはなぜですか。次の文の（ ）に当てはまるように書きなさい。

・（　　　）を知りたかったから。

点UP

(6) この文章では、「議論」とはどういうものだと述べていますか。文章中の言葉を使って書きなさい。

でも、完全に人それぞれではないってことなんじゃないかな。

トッポ　ある程度って、どの程度さ。

グー　どういう場合に人それぞれで、どういう場合に人それぞれじゃないってことになるわけ？

――カイは二人に④追及《ついきゅう》され、「ふにゃ」とつぶやきながら立ち上がった。何《なん》だ「ふにゃ」って、とトッポとグーも笑いながら立ち上がり、歩きながら話を続けるようだった。私《わたし》も⑤ついていきたかったが、私は単なる通りすがりにすぎない。ベンチに腰《こし》かけたまま、丘《おか》を下りていく三人の姿を見送った。

　三人の議論がそれからどうなっていったのかは分からない。だけど、そうしてお互《たが》いに反論し合いながらも、自分の考えを深めていくことを楽しんだだろうということは間違いない。私はカイが言っていた「敵とか味方じゃなくて、だいじなのはどう考えるのが正しいのかだから」という言葉を思い出していた。

　問題をはっきりさせて、その問題に対してどう考えればよいのかをみんなで議論する。それは敵と味方に分かれて対立することではなく、正しい考えを求める共同作業なのだ。幸福とは何《なに》か、それは幸福感と同じなのか違うのか。同じならば、幸福とはどういう気持ちなのか。違うならば、幸福とは何《なん》なのか。結論は簡単には出ないだろう。だけど、議論すれば考えは深まる。私も、授業で生徒たちと今の議論の続きをしたくなった。ベンチから立ち上がり、思わず「ふにゃ」とつぶやき、空を見上げた。

野矢茂樹「幸福について」より

2　――線のカタカナを漢字で書きなさい。

① 木のカゲに潜《ひそ》む。
② ネコの手も借りたい。
③ 論点を一つにシボる。
④ ジュウジツした毎日を送る。

1
(1) 15点
(2) 15点
(3) 10点
(4) 10点
(5) 15点
(6) 15点

2
①
②
③
④
各5点

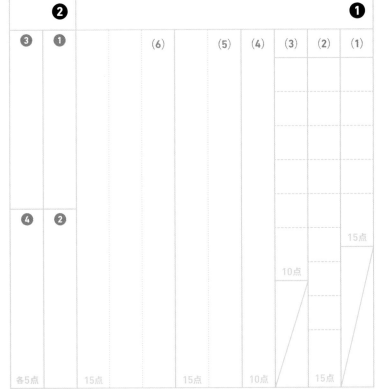

Step 2 文法の窓1 曖昧《あいまい》な文・分かりづらい文／漢字道場4 送り仮名《がな》

（恩返しの井戸を掘《ほ》る～漢字道場4 送り仮名）

20分

／100

目標 75点

1 ―部の漢字の読み仮名を書きなさい。

1 蚊が刺《さ》す。
2 鉄の鍋。
3 小高い丘。
4 一抹の不安。
5 風薫る五月。
6 費用を賄う。
7 朗らかな性格。
8 厳かに話す。
9 岬に立つ灯台。
10 堀をめぐらす。
11 煩わしい。
12 甚だしい誤解。
13 漆でかぶれる。
14 金物を商う。
15 専ら家にいる。

1

1	5	9	13
2	6	10	14
3	7	11	15
4	8	12	

各2点

2 カタカナを漢字に直しなさい。

1 ひどいゲリ。
2 サンガク地帯
3 熱をヘイハツする。
4 体力のイジ。
5 ヨウチエン
6 ジャリを敷《し》く。
7 ネコを飼う。
8 自意識カジョウ
9 大根をツける。
10 スコやかに育つ。
11 石をクダく。
12 タダし書きを読む。
13 海のサチ。
14 時間をツイやす。
15 口はワザワいの元。

2

1	5	9	13
2	6	10	14
3	7	11	15
4	8	12	

各2点

❸ 次の各問いに答えなさい。

(1) 次の各文を、それぞれ（　）内の指示に従って書き直しなさい。

❶ 黒い首輪をつけた犬が寝《ね》ている。
（「黒い」のは「犬」になるように、言葉を入れ替《か》える）

❷ 僕《ぼく》はずっと鳴り響《ひび》く汽笛を聞いていた。
（「僕」の動作が「ずっと」続いていることになるように、読点を打つ）

(2) 次の各文の――部を、かかり受けが正しくなるように書き直しなさい。

❶ 僕の来年の目標は、県大会で優勝したい。

❷ 寝坊《ねぼう》したのは、夜遅《おそ》くまでゲームをしていたことだ。

❸			
(1) ❶	(1) ❷	(2) ❶	(2) ❷
	各4点		各4点

❹ 次の漢字を、（　）内の読み方で読む場合を、漢字と送り仮名で書きなさい。送り仮名を付けない場合は、○を書きなさい。

❶ 損（そこなう）　❷ 著（いちじるしい）

❸ 貴（とうとぶ）　❹ 哀（あわれだ）

❺ 必（かならず）　❻ 最（もっとも）

❼ 勢（いきおい）　❽ 志（こころざし）

❹	
❶	❺
❷	❻
❸	❼
❹	❽ 各3点

テストに出る

● かかり受けの正しい文を書こう

主語（＝かかる文節）と述語（＝受ける文節）とが、意味の上で対応していない（＝ねじれている）と、分かりづらい文になる。

例　私《わたし》の将来の夢は、教師になりたい。
　↓私の将来の夢は、教師になることだ。
　↓私は、将来教師になりたい。

Step 1

初恋《はつこひ》《コイ》

15分

❶ 詩を読んで、問いに答えなさい。

▼㊙124ページ1行〜125ページ7行

初恋　島崎藤村《しまざきとうそん》

①まだあげ初《そ》めし前髪《まへがみ》《マエ》の
林檎《りんご》のもとに見えしとき
前にさしたる花櫛《はなぐし》の
花ある君と思ひ《イ》けり

やさしく白き手をのべて
林檎をわれにあたへ《エ》しは
薄紅《うすくれなゐ》《クレナイ》の秋の実に
②人こひ《イ》初めしはじめなり

③わがこころなきためいきの
その髪の毛にかかるとき
たのしき恋の盃《さかづき》《サカズキ》を
君が情《なさけ》に酌《く》みしかな

林檎畠《ばたけ》の樹《こ》の下《した》に
④おのづ《ズ》からなる細道は

(1) ——線①「まだあげ初めし前髪」から、「君」についてどんなことが分かりますか。次から一つ選び、記号で答えなさい。
ア　前髪を上げて結《ゆ》いはじめたばかりの若い娘《むすめ》であること。
イ　前髪を高くあげて結った、目立つ髪型をしていること。
ウ　前髪に花櫛をさすような、おしゃれな女性であること。
（　　）

(2) 「われ」は「君」と出会ったとき、どう思いましたか。次から一つ選び、記号で答えなさい。
ア　花もようの櫛がみごとだ。
イ　かわいい前髪をしている。
ウ　花のように美しい人だ。
（　　）

(3) ——線②「人こひ初めしはじめなり」について、「われ」が初めての恋をした理由を、次のようにまとめました。(　)に当てはまる言葉を、詩の中からそれぞれ指定の字数で抜《ぬ》き出しなさい。
・「君」が、(❶七字)で、「われ」に(❷二字)をくれたから。
❶ □□□□□□□
❷ □□

(4) 第二連には、色の対比による表現があります。対比されている二つの色を、詩の中から抜き出しなさい。

誰《た》が踏《ふ》みそめしかたみぞと
問ひ《イ》たまふ《ウ》こそこひ《イ》しけれ

島崎藤村「初恋」〈「島崎藤村全集」〉より

(5) ——線③「わがこころなきためいき」とありますが、なぜためいきが出るのですか。次から一つ選び、記号で答えなさい。

ア 恋がうまくいかず、いらいらしているから。
イ 恋人の前で緊張《きんちょう》し、息が苦しくなったから。
ウ 恋する気持ちが強まってあふれ出すから。

（　　）

(6) ——線④「おのづからなる細道」ができた理由として最も適切なものを、次から一つ選び、記号で答えなさい。

ア 林檎畠の手入れをする人々が毎日歩いているから。
イ 「君」と「われ」が会うために何度も通ったから。
ウ 林檎の実を採ろうとしてたくさんの人が来るから。

（　　）

(7) 「君」の言葉が書かれている連は第何連か。漢数字で答えなさい。

（　　）

ヒント

(1) 「〜初めし」は、「〜しはじめたばかり」という意味。
(6) 「おのづからなる」は「自然にできた」という意味。

「君」と「われ」が何度も通ったから道ができたんだね。

Step 1

万葉《まんよう》・古今《こきん》・新古今《しんこきん》

15分

1 文章と和歌を読んで、問いに答えなさい。

▼㊎128ページ1行〜129ページ下8行・131ページ〜133ページ

①和歌は、日本文学の中で奈良時代以前から現代までの長きにわたって作られ続けており、日本文化の根幹を形成するものだといえます。例えば、桜の花が咲《さ》いたり散ったりすることに感動する心は、日本的美意識の代表と見なされていますが、これも和歌の伝統が育んだものです。

次は、平安時代に成立した「古今和歌集《こきんわかしゅう》」の序文「仮名序《かなじょ》」の冒《ぼう》頭《とう》です。②和歌の本質をみごとに書き表しているものとして知られています。

やまと歌は、人の心を種として、よろづ《ズ》の言《こと》の葉とぞなれりける。世の中にある人、ことわざ繁《しげ》きものなれば、心に思ふ《ウ》ことを、見るもの、聞くものにつけて、言ひ《イ》出《い》だせるなり。花に鳴く鶯《うぐひす》《ウグイス》、水にすむ蛙《かはづ》《カワズ》の声を聞けば、生きとし生けるもの、③いづ《ズ》れか歌を詠《よ》まざりける。力をも入れずして、天地《あめつち》を動かし、目に見えぬ鬼神《おにがみ》をもあは《ワ》れと思は《ワ》せ、男女《をとこをむな》《オトコオンナ》の仲をも和《やは》《ヤワ》らげ、たけき武士《もののふ》の心をも慰《なぐさ》むるは《ワ》、歌なり。

和歌は、人の心を種として、多くの言葉になったものである。世の中に生きている人は、（関わる）事柄《ことがら》やするべきことが多いもの

(1) ──線①「和歌」とはどういうものだと言っていますか。文章中から十四字で抜《ぬ》き出しなさい。

(2) ──線②「和歌の本質」とは何ですか。それを最もよく表している一文を、「仮名序」の中から探し、初めの五字を抜き出しなさい。

(3) ──線③「いづれか歌を詠まざりける」の意味を次から一つ選び、記号で答えなさい。

ア なにものも歌など詠まない。
イ なにものが歌を詠むのだろう。
ウ なにものでも歌を詠むのだ。

(　)

(4) 山上憶良の歌の主題として最も適切なものを次から一つ選び、記号で答えなさい。

ア 瓜や栗のおいしさ。
イ 子供に対する愛情。
ウ 金銀財宝への欲望。

(　)

だから、心に思うことを、見るもの、聞くものに託《たく》して、言い表しているのである。花に（来て）鳴く鶯や、水にすむ蛙の声を聞くと、生きている全てのものの、どれが歌を詠まないということがあろうか。力をも入れないで、天や地を動かし、目に見えない荒々《あらあら》しい神をもしみじみと感じさせ、男女の仲をも打ち解けさせ、勇猛《ゆうもう》な武士の心をも穏《おだ》やかにするのが、歌なのである。

山上憶良《やまのうえのおくら》

瓜《うり》食《は》めば　子ども思ほ《オ》ゆ　栗《くり》食めば　まして偲《しぬ》はゆ
いづ《ズ》くより　来たりしものそ　まなかひ《イ》に　もとなかかりて
安眠《やすい》しなさぬ

反歌
銀《しろかね》も金《くがね》も玉も何せむ《ン》に優《まさ》れる宝《たから》子にしかめやも

東歌《あずまうた》

信濃《しなの》道《ぢ》《ジ》は今の墾《は》り道刈《か》りばねに足踏《ふ》ましなむ《ン》沓《くつ》はけ我《わ》が背《せ》

在原業平《ありわらのなりひら》

ちはやぶる神世《かみよ》も聞かずたつた河《がは》《ガワ》から紅《くれなゐ》《クレナイ》に水くくるとは

西行法師《さいぎょうほうし》

道のべに清水《しみづ》《ミズ》ながるる柳《やなぎ》かげしばしとてこそ立ちとまりつれ

「万葉・古今・新古今」より

(5) 東歌で、「沓はけ（くつをお履《は》きなさい）」と言うのはなぜですか。最も適切なものを次から一つ選び、記号で答えなさい。

ア 切り株を踏んでけがをしないように気づかっているから。
イ 信濃路までの道が遠いので、足を大切にしてほしいから。
ウ 足を踏まれたときに痛くないように守ってあげたいから。

（　　）

(6) 在原業平の歌について

❶ 「ちはやぶる」が導き出している語を、歌の中から一字で抜き出しなさい。 □

❷ このように、主に五音で、特定の語を導き出す働きのある言葉を何と言いますか。漢字で答えなさい。（　　）

(7) 西行法師の歌の、「しばしとてこそ立ちとまりつれ」はどんな状況を表現していますか。次から一つ選び、記号で答えなさい。（　　）

ア さっと通り過ぎるつもりだったが、うまくいかなかった。
イ 少しだけ休むつもりだったが、思わず長居してしまった。
ウ 本当はもっとゆっくり休みたかったが、時間がなかった。

ヒント

(3) 現代語訳も参考にしよう。「詠まないということがあろうか」は、「詠む」ということを強調するための言い回しだ。

(4) 反歌には、子供は、金や銀などにまさる宝だとある。

Step 1

おくのほそ道《みち》

15分

❶ 文章を読んで、問いに答えなさい。

▼教 135ページ1行～136ページ上13行

「おくのほそ道」は、江戸《えど》時代に俳人の松尾芭蕉《まつおばしょう》が著《あらわ》した紀行文①です。芭蕉は、「古池や蛙《かはづ》《カワズ》飛びこむ水のおと」をはじめ、数多くの名句を残しています。

「おくのほそ道」は、芭蕉が四十六歳《さい》の元禄《げんろく》二（一六八九）年に、門人の曽良《そら》を連れて北関東・東北・北陸地方を旅した経験を、後日、虚構《きょこう》も交えながら書き記したものです。旅での経験によって生まれた多くの名句をちりばめ、格調高い文章で構成された「おくのほそ道」は、日本の紀行文学の中でも最も優《すぐ》れた作品の一つです。

月日は百代《はくたい》の過客《くわかく》《カ》②にして、行《ゆ》き交《か》ふ《ウ》年もまた旅人なり。舟《ふね》の上に生涯《しやうがい》《シヨウ》を浮《う》かべ、馬の口とらへ《エ》て老いを迎《むか》ふ《ウ》る者は、日々旅にして、旅を栖《すみか》とす。古人も、多く旅に死せるあり。

予《よ》③も、いづ《ズ》れの年よりか、片雲《へんうん》の風に誘《さそ》は《ワ》れて、漂泊《へうはく》《ヒョウ》の思ひ《イ》やまず、海浜《かいひん》にさすらへ《エ》て、去年《こぞ》の秋、江上《かうしやう》《コウショウ》の破屋《はをく》《オク》に蜘蛛《くも》の古巣を払《はら》ひ《イ》て、やや年も暮れ、春立てる霞《かすみ》の空に、白河《しらかは》《カワ》の関越《こ》えんと、そぞろ

(1) ――線①「紀行文」とはどういうものですか。次から一つ選び、記号で答えなさい。

ア 日々の出来事を記したもの。
イ 旅先での経験を記したもの。
ウ 人から聞いた話を記したもの。

（　　）

(2) 「おくのほそ道」は、日本の文学作品の中で、どのような作品だと考えられていますか。それが分かる部分を文章中から二十一字で探し、初めの五字を抜《ぬ》き出しなさい。

(3) ――線②「過客」の意味を次から一つ選び、記号で答えなさい。

ア 思い出
イ 古い友人
ウ 旅人

（　　）

(4) ――線③「予」とは誰《だれ》のことですか。漢字四字で書きなさい。

神《がみ》のものにつきて心を狂《くる》は《ワ》せ、道《だう》《ドウ》祖《そ》神《じん》の招きにあひ《イ》て取るもの手につかず、股引《ももひき》の破れをつづり、笠《かさ》の緒《を》《オ》付け替《か》へ《エ》て、三里に灸《きう》《キュウ》据《す》ゆるより、松島《まつしま》の月まづ《ズ》心にかかりて、住める方《かた》は人に譲《ゆづ》《ユズ》り、杉風《さんぷう》が別墅《べつしよ》《ベッショ》に移るに、

草の戸も住み替《か》は《ワ》る代《よ》ぞ④雛《ひな》の家

表八句《おもてはちく》を庵《あん》の柱に掛《か》けおく。

「おくのほそ道」より

(5) ――線③「予」は、どんな思いでこの文章を書いていますか。次から一つ選び、記号で答えなさい。

ア 月を見たいという思い。
イ 家を変えたいという思い。
ウ 旅に出たいという思い。

（　　）

(6) (5)の思いが最もよく表れている表現を、古文中から八字で抜き出しなさい。

(7) ――線④「雛の家」と対照的に描《えが》かれているものを、俳句の中から三字で抜き出しなさい。

ヒント

(1)「おくのほそ道」は、松尾芭蕉の「旅での経験」から生まれているよ。
(3)「月日」を過ぎ去っていくものにたとえている。
(7) 芭蕉が住んでいたときは、さびしく粗末《そまつ》な住まいだった。

住む人によって、家の様子が変わっていくんだね。

Step 2

おくのほそ道《みち》

20分

／100
目標 75点

1 文章を読んで、問いに答えなさい。思

▼教 139ページ5行〜20行・141ページ1行〜142ページ5行

平泉《ひらいずみ》は、平安時代の末期、東北地方の豪族《ごうぞく》であった藤原《ふじわら》氏（奥州《おうしゅう》藤原氏）が、清衡《きよひら》・基衡《もとひら》・秀衡《ひでひら》の三代にわたり、約百年もの間、栄《えい》華《が》を極《きわ》めた地です。藤原氏は広大な東北地方を支配しただけでなく、豊富に産出する金や良馬をもとに京の文化を取り入れ、当時、京に次ぐといわれた繁栄《はんえい》を築きました。堂の内外を金で覆《おお》った中尊寺《ちゅうそんじ》金色堂《こんじきどう》をはじめ、平泉の守護山であった金鶏山《きんけいざん》、規模や華麗《かれい》さで中尊寺をしのぐほどだったとされる毛越寺《もうつうじ》も、①当時の平泉の繁栄の象《しょう》徴《ちょう》ともいえる存在です。

平泉《ひらいづみ》《イズミ》

②三代の栄耀《えいえう》《ヨウ》一睡《いっすい》《イッ》のうちにして、大門《だいもん》の跡《あと》は一里こなたにあり。秀衡が跡は田野《でんや》になりて、金鶏山のみ形を残す。まづ高館《たかだち》に登れば、北上川《きたかみがは》《ガワ》、南部《なんぶ》より流るる大河なり。衣川《ころもがは》《ガワ》は和泉《いづみ》《イズミ》が城《じやう》《ジョウ》を巡《めぐ》りて、高館の下《もと》にて大河に落ち入る。泰衡らが旧跡《きうせき》《キュウ》は、衣《ころも》が関《せき》を隔《へだ》てて南部口をさし固め、夷《えぞ》を防ぐと見えたり。さても、義臣《ぎしん》すぐつて《グッ》この城に籠《こ》もり、功名《こうみやう》《ミョウ》一時《いちじ》の叢《くさむら》となる。「国破れて山河あり、城春にして草青みたり。」と、笠《かさ》打ち敷《し》きて、時の移るまで涙《なみだ》を落としはべりぬ。

(1) ――線①「当時の平泉の繁栄」について、

1 「当時」とはいつですか。文章中から七字で抜《ぬ》き出しなさい。

2 「繁栄」を象徴するものを三つ、文章中から抜き出しなさい。

(2) ――線②「三代」が指すものを文章中から十一字で抜き出しなさい。

点UP

(3) 「平泉」の文章の主題は何ですか。「はかなさ」という言葉を用いて、十字程度で書きなさい。

(4) 「卯の花に……」の句の表現について、次のように説明しました。( )に当てはまる五字以内の言葉を、**1**は俳句から抜き出し、**2**は句中の言葉を使って書きなさい。

・白い(**1**)を、かつて義経《よしつね》の家臣として戦った(**2**)に見立てている。

(5) ――線③「耳驚かしたる」の意味を次から選び、記号で答えなさい。

ア すばらしいという評判を聞いていた
イ 聞いたこともないような話で驚いた
ウ 驚きのあまり耳が聞こえなくなった

点UP

(6) 「五月雨の……」の句は、どんな情景を詠《よ》んだものですか。「風雨」「光堂」という言葉を用いて書きなさい。

夏草や兵《つはもの》《ツワモノ》どもが夢の跡

卯《う》の花に兼房《かねふさ》見ゆる白毛《しらが》かな　曽良《そら》

かねて③耳驚《おどろ》かしたる二堂開帳す。経堂《きやうだう》《キョウドウ》は三将の像を残し、光堂《ひかりだう》《ドウ》は三代の棺《ひつぎ》を納め、三尊《さんぞん》の仏を安置《あんち》す。七宝《しつぽう》《シッ》散りうせて、珠《たま》の扉《とびら》風に破れ、金《こがね》の柱霜雪《さうせつ》《ソウ》に朽《く》ちて、既《すで》に頽廃空虚《たいはいくうきよ》《キョ》の叢となるべきを、四面新たに囲みて、甍《いらか》を覆《おほ》《オオイ》ひて風雨をしのぎ、しばらく千歳《せんざい》の記念《かたみ》とはなれり。

五月雨《さみだれ》の降り残してや光堂

「おくのほそ道」より

❷ ――線のカタカナを漢字で書きなさい。

❶ 紀行文をアラワす。
❷ 破れた服をツクロう。
❸ 巨大《きょだい》なリョカク機。
❹ 誕生日をムカえる。

❶ (1) ❶	❶ (1) ❷	❶ (2)	❶ (3)	❶ (4) ❶	❶ (4) ❷	❶ (5)	❶ (6)	❷ ❶	❷ ❷	❷ ❸	❷ ❹
10点	完答10点	10点	15点	5点	5点	5点	20点	各5点			

成績評価の観点　思…思考・判断・表現

Step 1

論語《ろんご》

15分

❶ 文章を読んで、問いに答えなさい。

▼㊎145ページ1行～146ページ12行

①子《し》曰《い》は《ワ》く、「過《あやま》ちて改めざる、是《これ》を過ちと謂《い》ふ《ウ》。」と。

子曰ハク、「過チテ而不《ざ》ルレ改メ、是ヲ謂フトレ過チト矣。」

先生が言われた、「過ちをしたことに気づいても改めない、これを（本当の）過ちというのだ。」と。

子曰は《ワ》く、「②君子《くんし》は和《わ》して同《どう》ぜず。小《せう》《ショウ》人《じん》は同じて和せず。」と。

子曰ハク、「君子ハ和シテ而不《ず》レ同ゼ。小人ハ同ジテ而不《ず》トレ和セ。」

先生が言われた、「君子は人と調和するが何にでも同調はしない。小人は何にでも同調するが人と調和はしない。」と。

子曰は《ワ》く、「学びて思は《ワ》ざれば則《すなは》《スナワ》ち③罔《くら》し。思ひ《イ》て学ばざれば則ち④殆《あや》ふ《ウ》し。」と。

子曰ハク、「学ビテ而不《ざ》レバレ思ハ則チ罔シ。思ヒテ而不《ざ》レバレ学バ則チ殆フシト。」

先生が言われた、「学ぶだけで考えなければ本当の理解には到達《とうたつ》しない。（それとは逆に、）考えるだけで学ばなければ（独断に陥《おちい》って）危険である。」と。

(1) ――線①「子」とは誰《だれ》のことですか。漢字二字で書きなさい。

(2) ❶ ――線②「君子」とありますが、「君子」とはどのような人ですか。次から一つ選び、記号で答えなさい。

ア 顔つきや体格がりっぱで美しい人。
イ 人格や見識が高く、徳のある人。
ウ 王や諸侯《しょこう》など、人を支配する人。

( )

❷ 「君子」とは対照的な人を表す言葉を、漢文の中から二字で抜《ぬ》き出しなさい。

(3) ――線③「罔し」、――線④「殆ふし」とは、どんな意味ですか。現代語訳の中から、抜き出しなさい。（句読点・符号《ふごう》も含《ふく》む）

③罔し ( )

④殆ふし ( )

(4) ――線⑤「之を知る者は、……如かず」とありますが、「知る者」「好む者」「楽しむ者」の中で、最も望ましいとされているのはどれか、答えなさい。

子曰は《ワ》く、「⑤之《これ》を知る者は、之を好む者に如《し》かず。之を好む者は、之を楽しむ者に如かず。」と。

子曰《ハク》、「知《ル》レ之《ヲ》者《ハ》、不《ず》レ如《カ》二好《ム》レ之《ヲ》者《ニ》一。好《ム》レ之《ヲ》者《ハ》、不《ずト》レ如《カ》二楽《シム》レ之《ヲ》者《ニ》一。」

先生が言われた、「これを知るということだけでは、（まだ、）これを好むことに⑥及《およ》ばない。これを好むということは、これを楽しむことには及ばない。」と。

子貢《しこう》問ひ《イ》て曰は《ワ》く、「一言にして以《も》《モ》つ《ッ》て終身之を行ふ《ウ》べき者有りや。」と。子曰は《ワ》く、「其《そ》れ恕《じょ》《ジョ》か。己《おのれ》の欲《ほっ》《ホッ》せざる所は、人に施《ほどこ》すこと勿《な》かれ。」と。

子貢問《ヒテ》曰《ハク》、「有《リ》下一言《ニシテ》而可《ベキ》二以《ッテ》終身行《フ》一レ之《ヲ》者《上》乎《やト》。」子曰《ハク》、「其《レ》恕乎《か》。⑦己所不欲、勿《カレト》レ施《スコト》二於人《ニ》一。」

子貢がお尋《たず》ねして言った、「一言で（表せて）一生行うにふさわしいことがあるでしょうか。」と。先生は言われた、「まあ恕だね。自分がしてほしくないことは、他人にしてはならない。」と。

「論語」より

(5) ——線⑥「及ばない」は、漢文ではどのように言いますか。漢文の中から、漢字二字で抜き出しなさい。送り仮名や返り点などはいりません。

（　　）

(6) ——線⑦「己所不欲」に、訓読文を参考にして返り点を付けなさい。送り仮名や読みがなはいりません。

・己　所　不　欲

(7) 「恕」とはどんなことですか。次から一つ選び、記号で答えなさい。

ア　学問にはげむこと　イ　自由に生きること
ウ　人を思いやること

（　　）

ヒント

(1) 「論語」は孔子《こうし》とその弟子《でし》の言行を記録した書物。
(2) ❷「調和」と「同調」が、君子とは逆になっている人だ。
(6) 「己↓欲↓不↓所」の順で読む。

Step 2 日本語探検4 言葉の移り変わり／漢字道場5 他教科で学ぶ漢字(2)

（初恋《はつこい》～漢字道場5 他教科で学ぶ漢字(2)）

20分

／100

目標 75点

❶ ——部の漢字の読み仮名《がな》を書きなさい。

① 鬼は外。
② 声を和らげる。
③ 孔子の弟子《でし》。
④ 諸侯が集まる。
⑤ 儒教の思想。
⑥ 混迷の時代。
⑦ 豊かな語彙。
⑧ 蚕が繭を作る。
⑨ 訴訟を起こす。
⑩ 名誉《めいよ》の毀損。
⑪ 倫理的な行動。
⑫ 肩《かた》を脱臼した。
⑬ 心筋梗塞
⑭ 相似な図形。
⑮ 感情に訴える。

❶

①	⑤	⑨	⑬
②	⑥	⑩	⑭
③	⑦	⑪	⑮
④	⑧	⑫	

各2点

❷ カタカナを漢字に直しなさい。

① 伝言をタクす。
② オダやかな顔。
③ 雨のシズク。
④ トビラを開ける。
⑤ 木がクちる。
⑥ おキョウを読む。
⑦ チツジョある社会。
⑧ キハンを作る。
⑨ 処置をホドコす。
⑩ オノレに厳しい。
⑪ 武者シュギョウ
⑫ テイコク主義
⑬ 巨大《きょだい》なザイバツ。
⑭ 損害バイショウ
⑮ 特殊《とくしゅ》サギ

❷

①	⑤	⑨	⑬
②	⑥	⑩	⑭
③	⑦	⑪	⑮
④	⑧	⑫	

各2点

❸ 平安時代の言葉と、現代の言葉との違《ちが》いを、次のようにまとめました。（　）に当てはまる言葉をあとから選び、それぞれ記号で答えなさい。

❶「けづりひ（削《けず》り氷《ひ》）」「いと」など、今では使われなくなった語がある。これは（　　　）が変化したためである。

❷「けづりひ」は、平安時代には「けどぅりふぃ」のように発音し、現代とは発音が違っている。これは、（　　　）が変化したためである。

❸ 現代では、形容動詞は「上品だ」のように「～だ」と言うが、平安時代は「あてなり」のように「～なり」と言った。これは（　　　）が変化したためである。

ア 文法　イ 音声　ウ 語彙

❸	
❶	❷
❸	

各4点

❹ ——部の言葉の意味をあとから選び、それぞれ記号で答えなさい。

❶ 脳梗塞で入院した。

❷ 強く引っぱられて腕《うで》が脱臼してしまった。

❸ 科学技術の発展には倫理的な問題がつきものだ。

❹ コンピュータでロボットを制御《せいぎょ》する。

❺ 人の名誉を毀損してはならない。

❻ 岩石の配置に何らかの作為《さくい》が認められる。

❼ 水は雲や雨、海や川となって地球を循環《じゅんかん》する。

ア 関節が外れること　イ 思い通りに動かすこと
ウ 意思をもってすること　エ 傷つけること
オ めぐること　カ 人として望ましいあり方
キ ふさがること

❹	
❶	❺
❷	❻
❸	❼
❹	

各4点

Step 1

故郷

15分

❶ 文章を読んで、問いに答えなさい。

▼㊫154ページ1行〜155ページ15行

厳しい寒さの中を、二千里の果てから、①別れて二十年にもなる故郷へ、私《わたし》は帰った。

もう真冬の候であった。そのうえ故郷へ近づくにつれて、空模様は怪《あや》しくなり、冷たい風がヒューヒュー音を立てて、船の中まで吹《ふ》き込《こ》んできた。苫《とま》の隙間《すきま》から外をうかがうと、鉛《なまり》色の空の下、わびしい村々が、いささかの活気もなく、あちこちに横たわっていた。覚えず寂寥《せきりょう》の感が胸に込み上げた。

ああ、これが二十年来、片時も忘れることのなかった故郷であろうか。

私の覚えている故郷は、まるで②こんなふうではなかった。私の故郷は、もっとずっとよかった。その美しさを思い浮《う》かべ、その長所を言葉に表そうとすると、しかし、その影《かげ》はかき消され、言葉は失われてしまう。やはりこんなふうだったかもしれないという気がしてくる。そこで私は、こう自分に言い聞かせた。もともと故郷はこんなふうなのだ――進歩もないかわりに、私が感じるような寂寥もありはしない。そう感じるのは、自分の心境が変わっただけだ。なぜなら、今度の帰郷は決して楽しいものではないのだから。

今度は、故郷に別れを告げに来たのである。私たちが長いこと一族で住んでいた古い家は、今はもう他人の持ち物になってしまった。

(1) 物語の場面について、次の問いに答えなさい。

❶ 物語の季節はいつですか。漢字二字で答えなさい。

□□

❷ 物語の場面を、大きく二つに分けると、二つ目の場面はどこから始まりますか。初めの五字を抜《ぬ》き出しなさい。

□□□□□

(2) ――線①「別れて二十年にもなる故郷へ、私は帰った」とありますが、何をしに故郷へ帰ったのですか。文章中から十一字で抜き出しなさい。

□□□□□□□□□□□

(3) ――線②「こんなふう」とありますが、今、「私」が見ている故郷はどんな様子なのですか。次の文の（　）に当てはまるように文章中から三十字以内で探し、初めと終わりの五字を抜き出しなさい。

・（　　）いる様子。

□□□□□〜□□□□□

明け渡《わた》しの期限は今年いっぱいである。どうしても旧暦《きゅうれき》の正月の前に、住み慣れた古い家に別れ、なじみ深い故郷を後にして、私が今暮らしを立てている異郷の地へ引っ越《こ》さねばならない。

明くる日の朝早く、私は我《わ》が家の表門に立った。屋根には一面に枯《か》れ草のやれ茎《ぐき》が、折からの風になびいて、この古い家が③持ち主を変えるほかなかった理由を説き明かし顔である。いっしょに住んでいた親戚《しんせき》たちは、もう引っ越してしまった後らしく、ひっそりかんとしている。自宅の庭先まで来てみると、母はもう迎《むか》えに出ていた。後から八歳《さい》になる甥《おい》のホンル（宏児）も飛び出した。

④母は機嫌《きげん》よかったが、さすがにやるせない表情は隠《かく》しきれなかった。私を座《すわ》らせ、休ませ、茶をついでくれなどして、すぐ引っ越しの話は持ち出さない。ホンルは、私とは初対面なので、離《はな》れた所に立って、じっと私の方を見つめていた。

だが、とうとう引っ越しの話になった。私は、あちらの家はもう借りてあること、家具も少しは買ったこと、あとは家にある道具類をみんな売り払《はら》って、その金で買い足せばよいこと、などを話した。母も⑤それに賛成した。そして、荷造りもほぼ終わったこと、かさばる道具類は半分ほど処分したが、よい値にならなかったことなどを話した。

「一、二日休んだら、親戚回りをしてね、そのうえでたつとしよう。」

と母は言った。

魯迅　竹内好・訳「故郷」〈「魯迅文集」〉より

(4) ——線③「持ち主を変えるほかなかった理由」とは何ですか。次から一つ選び、記号で答えなさい。

ア　家が古くなりすぎたから。
イ　家を保つお金がないから。
ウ　家に住む人がいないから。

（　　）

(5) ——線④「母は機嫌よかったが、さすがにやるせない表情は隠しきれなかった」とありますが、なぜ母はやるせない表情をしているのですか。次から一つ選び、記号で答えなさい。

ア　「私」が帰ってきたのでもてなしてやりたいが、何もないから。
イ　「私」が帰ってきて助かるが、親戚がいなくなって寂《さび》しいから。
ウ　「私」が帰ってきてうれしいが、引っ越しは気が進まないから。

（　　）

(6) ——線⑤「それ」はどんなことを指していますか。次から一つ選び、記号で答えなさい。

ア　新しい家を借りてあるので、そちらへ引っ越すこと。
イ　古い家の道具を売って、新しい家の家具を買うこと。
ウ　出発する前に二、三日休んで、親戚回りをすること。

（　　）

ヒント

(1) ❷船で故郷へ向かう場面と、我が家へ着いた場面がある。
(5) 母は「私」を歓迎《かんげい》しているが、すぐには引っ越しの話題を出さない。引っ越しは母の本意ではないんだ。

Step 2

故郷①

20分
/100
目標 75点

1 文章を読んで、問いに答えなさい。思

▼教 161ページ17行〜164ページ6行

ある寒い日の午後、私《わたし》は食後の茶でくつろいでいた。表に人の気配がしたので、振《ふ》り向いてみた。思わずあっと声が出かかった。①急いで立ち上がって迎《むか》えた。

来た客はルントーである。ひと目でルントーと分かったものの、そのルントーは、②私の記憶《きおく》にあるルントーとは似もつかなかった。背丈《せたけ》は倍ほどになり、昔の艶《つや》のいい丸顔は、今では黄ばんだ色に変わり、しかも深いしわが畳《たた》まれていた。目も、彼《かれ》の父親がそうであったように、周りが赤く腫《は》れている。私は知っている。海辺で耕作する者は、一日中潮風に吹《ふ》かれるせいで、よくこうなる。頭には古ぼけた毛織りの帽子《ぼうし》、身には薄手《うすで》の綿入れ一枚、全身ぶるぶる震《ふる》えている。紙包みと長いきせるを手に提《さ》げている。その手も、私の記憶にある血色のいい、まるまるした手ではなく、太い、節くれ立った、しかもひび割れた、松の幹のような手である。

私は感激で胸がいっぱいになり、しかしどう口をきいたものやら思案がつかぬままに、一言、

「ああルンちゃん——よく来たね……。」

続いて言いたいことが、後から後から、数珠《じゅず》つなぎになって出かかった。角鶏《チアオチー》、跳《は》ね魚、貝殻《かいがら》、チャー……だがそれらは、何かでせき止められたように、頭の中を駆《か》け巡《めぐ》るだけで、口からは出なかっ

(1) ——線①「急いで立ち上がって迎えた」から、「私」のどんな気持ちが分かりますか。考えて書きなさい。

(2) ——線②「私の記憶にあるルントー」の様子を表す言葉を、文章中から二つ、それぞれ七字以内で抜《ぬ》き出しなさい。

(3) 今のルントーは、どんな仕事をしていますか。文章中の言葉を使って書きなさい。

点UP

(4) ——線③「喜びと寂しさの色」とは、どんな喜びと寂しさですか。( )に当てはまるように考えて書きなさい。

・「私」と(❶)喜びと(❷)を思い知った寂しさ。

(5) ——線④「私は身震いしたらしかった」とありますが、「私」が身震いした理由を次から一つ選び、記号で答えなさい。

ア 心の中でルントーを見下していたことに気づかれたから。

イ ルントーが「私」のことを忘れていたことが悲しいから。

ウ 「私」とルントーの身分や境遇《きょうぐう》の差がはっきりしたから。

(6) ——線⑤「他人行儀」は、ルントーのどんな態度を指していますか。文章中から八字で抜き出しなさい。

(7) 昔の「私」とルントーとの関係を表している言葉を、文章中から四字で抜き出しなさい。

点UP

(8) ===線「唇が動いたが、声にはならなかった」とありますが、ルントーが言おうとした言葉を、考えて書きなさい。

た。

　彼は突《つ》っ立ったままだった。③喜びと寂《さび》しさの色が顔に現れた。唇《くちびる》が動いたが、声にはならなかった。最後に、うやうやしい態度に変わって、はっきりこう言った。

「だんな様！　……。」
④私は身震いしたらしかった。悲しむべき厚い壁《かべ》が、二人の間を隔《へだ》ててしまったのを感じた。私は口がきけなかった。
　彼は後ろを向いて、「シュイション（水生）、だんな様にお辞儀《じぎ》しな。」と言って、彼の背に隠《かく》れていた子供を前へ出した。これぞまさしく三十年前のルントーであった。いくらか痩《や》せて、顔色が悪く、銀の首輪もしていない違《ちが》いはあるけれども。「これが五番目の子でございます。世間へ出さぬものですから、おどおどしておりまして……。」

　母とホンルが二階から降りてきた。話し声を聞きつけたのだろう。

「ご隠居《いんきょ》様、お手紙は早くにいただきました。全く、うれしくてたまりませんでした、だんな様がお帰りになると聞きまして……。」

とルントーは言った。

「まあ、何だってそんな、⑤他人行儀《ぎょうぎ》にするんだね。おまえたち、昔は兄弟の仲じゃないか。昔のように、シュンちゃん、でいいんだよ。」

と母は、うれしそうに言った。

魯迅　竹内好・訳「故郷」〈「魯迅文集」〉より

❷ ――線のカタカナを漢字で書きなさい。
① ノウリに浮《う》かぶ。
② アザケるような表情。
③ 猫《ねこ》をデキアイする。
④ オクリ物を選ぶ。

❶									❷	
(1)	(2)		(3)	(4)	(5)	(6)	(7)	(8)	①	③
10点	5点	5点	10点	① ② 各10点	5点	5点	5点	15点	②	④ 各5点

成績評価の観点　思…思考・判断・表現

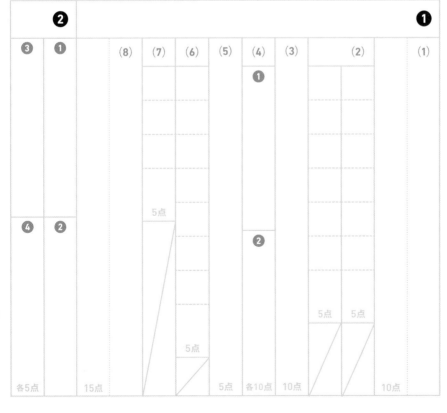

Step 2

故郷②

20分

／100

目標 75点

❶ 文章を読んで、問いに答えなさい。思

▼教 166ページ9行～168ページ9行

私《わたし》も、私の母も、はっと胸を突《つ》かれた。そして話がまたルントーのことに戻《もど》った。母はこう語った。例の豆腐屋《とうふや》小町《こまち》のヤンおばさんは、私の家でかたづけが始まってから、①毎日必ずやってきたが、おととい、灰の山から碗《わん》や皿を十個余り掘《ほ》り出した。あれこれ議論の末、それはルントーが埋《う》めておいたにちがいない、灰を運ぶとき、いっしょに持ち帰れるから、という結論になった。ヤンおばさんは、この発見を手柄《てがら》顔に、「犬じらし」（これは私たちのところで鶏《にわとり》を飼うのに使う。木の板に柵《さく》を取り付けた道具で、中に食べ物を入れておくと、鶏は首を伸《の》ばしてついばむことができるが、犬にはできないので、見てじれるだけである。）をつかんで飛ぶように走り去った。纏足《てんそく》用の底の高い靴《くつ》で、よくもと思うほど速かったそうだ。

古い家はますます遠くなり、故郷の山や水もますます遠くなる。だが②名残惜《なごりお》しい気はしない。自分の周りに目に見えぬ高い壁《かべ》があって、その中に自分だけ取り残されたように、気がめいるだけである。すいか畑の銀の首輪の小英雄《えいゆう》の面影《おもかげ》は、元は鮮明《せんめい》このうえなかったのが、今では急にぼんやりしてしまった。これもたまらなく悲しい。

母とホンルとは寝入《ねい》った。

私も横になって、船の底に水のぶつかる音を聞きながら、今、自分は、自分の道を歩いていると分かった。思えば私とルントーとの

(1) ――線①「毎日必ずやってきた」とありますが、ヤンおばさんがきた目的は何ですか。次から一つ選び、記号で答えなさい。

ア ルントーが悪いことをしないように見張るため。

イ 私や母が引っ越《こ》していくまで別れを惜しむため。

ウ 私の家でかたづけている家財道具をもらうため。

(2) ――線②「名残惜しい気はしない」のはなぜですか。「心」「距離」という言葉を使って書きなさい。

(3) 点UP

❶ ――線③「新しい生活」とありますが、次に挙げる人物はどんな生活を送っていますか。「（　）生活。」の（　）に当てはまるように文章中からそれぞれ十五字以内で探し、初めと終わりの三字を抜《ぬ》き出しなさい。

ⓐ「私」　ⓑルントー　ⓒヤンおばさん

❷「私」がホンルやシュイションに望む「新しい生活」とはどのようなものですか。「境遇《きょうぐう》」という言葉を使って書きなさい。

(4) ――線④「彼の望むものはすぐ手に入り、私の望むものは手に入りにくいだけだ」について、

❶ ⓐルントーとⓑ「私」の望むものを、文章中からそれぞれ五字で抜き出しなさい。

❷ 点UP
「私」の望むものを手に入れるためにはどんなことが必要ですか。文章中の言葉を使って書きなさい。

距離《きょり》は全く遠くなったが、若い世代は今でも心が通い合い、現にホンルはシュイションのことを慕《した》っている。せめて彼《かれ》らだけは、私と違《ちが》って、互《たが》いに隔絶《かくぜつ》することのないように……とはいっても、彼らが一つ心でいたいがために、私のように、無駄《むだ》の積み重ねで魂《たましい》をすり減らす生活を共にすることは願わない。またルントーのように、打ちひしがれて心が麻痺《まひ》する生活を共にすることも願わない。また他の人のように、やけを起こして野放図に走る生活を共にすることも願わない。希望を言えば、彼らは③新しい生活を持たなくてはならない。私たちの経験しなかった新しい生活を。

　希望という考えが浮かんだので、私はどきっとした。たしかルントーが香炉《こうろ》と燭台《しょくだい》を所望《しょもう》したとき、私は相変わらずの偶像崇拝《ぐうぞうすうはい》だな、いつになったら忘れるつもりかと、心ひそかに彼のことを笑ったものだが、今、私のいう希望も、やはり手製の偶像にすぎぬのではないか。④ただ彼の望むものはすぐ手に入り、私の望むものは手に入りにくいだけだ。

　まどろみかけた私の目に、海辺の広い緑の砂地が浮《う》かんでくる。その上の紺碧《こんぺき》の空には、金色の丸い月が懸《か》かっている。思うに希望とは、もともとあるものとも言えぬし、ないものとも言えない。それは地上の道のようなものである。もともと地上には道はない。歩く人が多くなれば、それが道になるのだ。

魯迅　竹内好・訳「故郷」〈「魯迅文集」〉より

❷ ――線のカタカナを漢字で書きなさい。

❶ 美しいカイガラ。
❷ 口紅をヌる。
❸ 窓のスキマ。
❹ サゲスむような視線。

❶									❷			
(1)	(2)	(3) ❶ ⓐ	(3) ❶ ⓑ	(3) ❶ ⓒ	(3) ❷	(4) ❶ ⓐ	(4) ❶ ⓑ	(4) ❷	❶	❷	❸	❹
5点	15点	5点	5点	5点	15点	5点	5点	20点	各5点			

成績評価の観点　思…思考・判断・表現

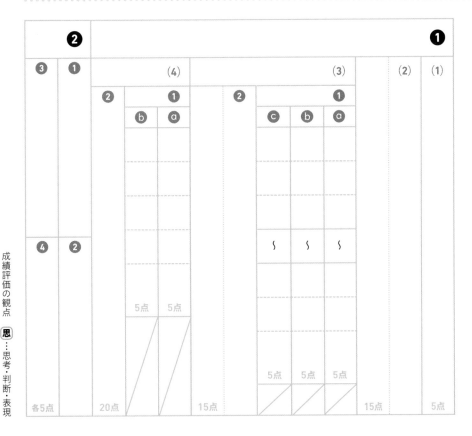

Step 2

漢字道場6 紛《まぎ》らわしい漢字
（故郷～漢字道場6 紛らわしい漢字）

20分

/100
目標 75点

1 ――部の漢字の読み仮名《がな》を書きなさい。

① 紺色のセーター。
② 股をくぐる。
③ 艶のいいリンゴ。
④ 高い塀。
⑤ 嘲るような笑《え》み。
⑥ 財布をなくす。
⑦ 顔が腫れる。
⑧ 昔の面影。
⑨ 味覚が麻痺《ひ》する。
⑩ 茶を所望する。
⑪ 言っても詮ない。
⑫ 刹那的な生き方。
⑬ 人格の陶冶。
⑭ 不遜な態度。
⑮ 戸籍《こせき》謄本

1

①	⑤	⑨	⑬
②	⑥	⑩	⑭
③	⑦	⑪	⑮
④	⑧	⑫	

各2点

2 カタカナを漢字に直しなさい。

① ノウリに浮《う》かぶ。
② ギンミした品。
③ 赤いクチビル。
④ ネンレイを書く。
⑤ ビンボウ暮らし。
⑥ つらいキョウグウ。
⑦ キョウサクの年。
⑧ コウロを置く。
⑨ イソガしい毎日。
⑩ 筆とスミで書く。
⑪ ニワトリの卵。
⑫ ナゴリ惜《お》しい別れ。
⑬ キョリを測る。
⑭ グウゾウを作る。
⑮ 神をスウハイする。

2

①	⑤	⑨	⑬
②	⑥	⑩	⑭
③	⑦	⑪	⑮
④	⑧	⑫	

各2点

3 次の各文のカタカナを漢字に直したとき、正しい字を（　）の中から選んで書きなさい。

1 大臣を更《こう》テツする。（送・迭）

2 ザン定的な措《そ》置《ち》をとる。（暫・漸）

3 ソウ厳《ごん》な寺院建築。（荘・壮）

4 テツ底的に片付ける。（撤・徹）

5 紙ヘイを両替《りょうがえ》する。（幣・弊）

6 円の面セキを求める。（績・積）

7 最新の機器をトウ載《さい》している。（搭・塔）

8 ガイ当する項目《こうもく》に印を付けなさい。（劾・該）

3
1 2 3 4 5 6 7 8
各2点

4 次のカタカナを漢字に直しなさい。

1 ケイ約書を読む。

2 キッ茶《さ》店に入る。

3 手を清ケツに保つ。

4 野菜作りに適した土ジョウ。

5 おジョウさんは何歳《さい》になられましたか。

6 酒をジョウ造する。

7 茶カッ色の石。

8 王へのエッ見を求める。

4
1 2 3 4 5 6 7 8
各3点

Step 1

何のために「働く」のか

15分

❶ 文章を読んで、問いに答えなさい。

▼教 173ページ5行～174ページ19行

①「人がなぜ働くのか」というのは、簡単なようでいて、意外に深遠な問いなのです。我々の多くは、「食べていける資産を持っていようといまいと、やっぱり働くべきだ。」と思っています。

では、なぜ我々はそう思うのでしょうか。「働く」ということの意味は何なのか、考えてみましょう。

先日、ワーキングプアに関するテレビ番組を見ていたら、三十代半ばのホームレスの男性のことが紹介《しょうかい》されていて、いろいろ教えられるところがありました。その男性は公園に寝《ね》泊《と》まりし、ごみ箱から週刊誌などを拾って売り、命をつないできたのですが、運よく市役所から、一か月のうちの幾日《いくにち》か、道路の清掃《せいそう》をする仕事をもらうことができたのです。番組は彼《かれ》の姿を追っていろいろ話を聞くのですが、その彼が最後に目頭《めがしら》を押《お》さえて泣くシーンが映し出されました。

彼によると、②一年前だったら、何があっても涙《なみだ》が出ることはなかったそうです。ところが彼は、働いているときに、人から声を掛《か》けられたのです。何という言葉を掛けられたのか分かりませんが、たぶん、「ご苦労さま。」に類するような言葉だったのではないでしょうか。「以前は、生まれてこなければよかったと言っていましたが?」という取材者の問いに、「今も、そう思う。」と答えた彼は、ちゃん

(1) ――線①『人がなぜ働くのか』……問いなのです」とありますが、その理由を次のようにまとめました。（　）に当てはまる言葉を、文章中からそれぞれ指定の字数で抜《ぬ》き出しなさい。

・働くことの（❶二字）は、（❷八字）を得ることだけではないから。

❶
❷

(2) ――線②「一年前だったら、何があっても涙が出ることはなかった」とありますが、涙が出るようになったきっかけは何ですか。次から一つ選び、記号で答えなさい。

ア 運よく市役所から、道路の清掃をする仕事をもらったこと。
イ 働いているときに、人からねぎらいの声を掛けられたこと。
ウ ちゃんと社会復帰し、生まれてきてよかったと思えたこと。

（　）

(3) ――線③「象徴的」の意味を次から一つ選び、記号で答えなさい。

ア 伝えたいことを強調した出来事であるという意味。
イ 人の感情を強くゆさぶる出来事であるという意味。
ウ 物事の本質をよく表した出来事であるという意味。

（　）

と社会復帰すれば、生まれてきてよかったとなるんじゃないか、と言って言葉を詰《つ》まらせます。そして、前だったら泣かなかった、普《ふ》通《つう》の人間としての感情が戻《もど》ったのかもしれない、と言うのです。

これはとても③象徴《しょうちょう》的で、④「人が働く」という行為《こうい》のいちばん底にあるものが何なのかを教えてくれる気がします。

それは、「社会の中で、自分の存在を認められる」ということです。同じようにその場にいても、ホームレスとしてたまたま通りかかっただけだったら、声を掛けられることはなかったはずです。一生懸命《けんめい》働いていたからこそ、ねぎらいの声を掛けられた。人がいちばんつらいのは、「自分は見捨てられている」「誰《だれ》からも顧《かえり》みられていない」という思いではないでしょうか。誰からも顧みられなければ、社会の中に存在していないのと同じことになってしまうのです。

社会というのは、基本的には見知らぬ者どうしが集まっている集合体であり、だから、そこで生きるためには、他者から何らかの形で仲間として承認《しょうにん》される必要があります。そのための主たる手段が、働くということなのです。働くことによって「そこにいていい」という承認が与《あた》えられる。

働くことを「社会に出る」といい、働いている人のことを⑤「社会人」と称《しょう》しますが、それは、そういう意味なのです。

姜尚中「何のために『働く』のか」〈「悩《なや》む力」〉より

(4) ――線④「『人が働く』という行為のいちばん底にあるもの」とは何ですか。文章中から一文で探し、初めの五字を抜き出しなさい。（句読点・符号《ふごう》も含《ふく》む）

(5) この文章では、人が社会で生きるためには何が必要だと述べていますか。「（　　）こと。」に当てはまるように、文章中から二十字で抜き出しなさい。

こと。

(6) ――線⑤「社会人」とは、どんな人のことですか。次から一つ選び、記号で答えなさい。

ア 働くことによって、社会の中で自分の存在を認められた人。

イ 食べていける資産を持っていても、働くことをやめない人。

ウ 見知らぬ者を見捨てないで、仲間として受け入れてやる人。

（　　）

ヒント

(2) 彼が「感情が戻った」と感じた出来事を捉《とら》えよう。

(3) 言葉以外のもので、他の物事の意味を表すこと。

(6) 「そういう意味」が指す内容だね。

働くことには、お金を得ることの他にも大事な意味があるんだね。

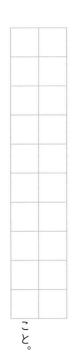

Step 2

何のために「働く」のか

20分

/100
目標 75点

❶ 文章を読んで、問いに答えなさい。思

▼教 176ページ15行～177ページ22行

実は、私《わたし》の職業である大学教師もまさにサービス業①だと実感しています。ただ授業を行って勉強を教えればよいというわけではありません。年中進路や人生などの相談を受けますし、深刻な相談を受ければ、その場限りでかたがつくわけではなく、その人のことがいつまでも気になります。どこかで線を引かないと、限りなく人の人生を背負うことになってしまいます。

サービス業の大きな特徴《とくちょう》として、「どこまで」という制限がないことがあります。だから、なかには、果てしなくのめり込《こ》んで、ときには消耗《しょうもう》し尽《つ》くしてしまう人もいるといいます。

恐《おそ》らくこれらには「評価」の問題も関わっている②と思います。形のないサービスであるだけに、よいのか悪いのか、よい場合はどのくらいよいのか、悪い場合はどのくらい悪いのかといった判定がしにくいのです。頑張《がんば》っても正当に評価されなければ、人はやはり無力感にさいなまれるでしょう。

しかし、だからこそ、私は可能性も大きい③と言いたいのです。

人とのコミュニケーションの方法は無限にあり、そこから自分が何かをもらえる可能性も無限にあると思います。人間と人間が交じり合う中にはさまざまな「偶発性《ぐうはつせい》」が存在しうるからです。それは、マニュアル労働よりもはるかに重圧がかかり、人によっては耐《た》えき

点UP

(1) ――線①「サービス業」について、

❶ 「サービス業」の特徴を、文章中の言葉を使って書きなさい。

❷ 「サービス業」とは対照的な働き方を、文章中から七字で抜き出しなさい。

点UP

(2) ――線②「『評価』の問題も関わっている」について、どんなことが問題なのかを次のようにまとめました。（　）に当てはまる言葉を、文章中の言葉を使って、それぞれ十字以内で書きなさい。

・よいか悪いか、またその程度を（ ❶ ）こと。

・頑張っても（ ❷ ）ことがあること。

(3) ――線③「可能性も大きい」とありますが、

❶ どんな可能性が大きいのですか。文章中の言葉を使って書きなさい。

❷ なぜ可能性が大きいと言えるのですか。「偶発性」という言葉を使って書きなさい。

(4) この文章の筆者自身は、何を得るために働いていると述べていますか。文章中から十一字で抜き出しなさい。

点UP

(5) ――線④「自分が自分として生きる」とは、どのように生きることですか。「再確認」という言葉を使って書きなさい。

れなくなるかもしれません。が、逆に、人間としての何かに目覚め、大きなものを得るチャンスも増えると思います。

　私自身、サービス業に携《たずさ》わる者として、毎日多くの人とコミュニケーションをしますが、疲《つか》れながらも、やはり多くのものをもらっていると思います。そして、その場合に得るものは、やはり働くことの第一義である「他者からのアテンション」の一種ではないでしょうか。

　自分自身に「私はなぜ働いているのか」と問うてみることがあります。すると、いろいろ考えたあげく、他者からのアテンションを求めているから、という答えが返ってきます。お金は必要ですし、地位や名誉《めいよ》はいらないと言ったらうそですが、やはり、他者からのアテンションが欲《ほ》しいのです。それによって、社会の中にいる自分を再確認《かくにん》できるし、自分はこれでいいのだという安心感が得られる。そして、自信にもつながっているような気がします。

　人が働くのは、「④自分が自分として生きるため」なのです。

姜尚中「何のために『働く』のか」〈「悩《なや》む力」〉より

２ ――線のカタカナを漢字で書きなさい。

① 人生をカエリみる。
② ホウシュウを得る。
③ 他人がウラヤましい。
④ フクシ関連の仕事。

❶	(1)	① 10点
		② 5点
	(2)	① 10点
		② 10点
	(3)	① 10点
		② 15点
	(4)	5点
	(5)	15点
❷	①	各5点
	②	
	③	
	④	

成績評価の観点　思…思考・判断・表現

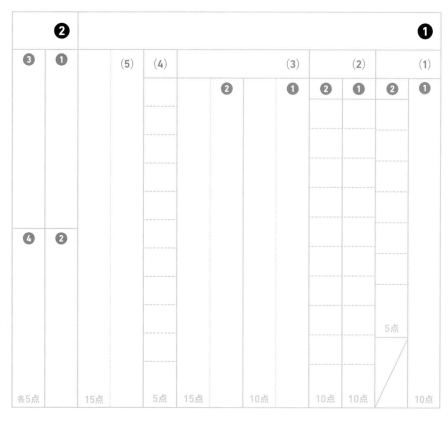

Step 1

いつものように新聞が届いた——メディアと東日本大震災《しんさい》

15分

❶ 文章を読んで、問いに答えなさい。

▼(教) 186ページ3行〜187ページ10行

新聞は、避難《ひなん》所や被災《ひさい》した住宅などで貪《むさぼ》るように読まれた。家ごと津波《つなみ》に流され、パソコンもない。停電が続いてテレビは見られない。携帯《けいたい》電話は電池切れで充電《じゅうでん》もできない。そんな中、①新聞は大切なライフラインの一つだった。大惨事《さんじ》の現場では、何が起きたかを知ることができる新聞は支援《しえん》物資の一つになった。

新聞を積んだトラックは、がれきが遮《さえぎ》る道なき道を連日走り続けた。仙台《せんだい》市内の小学校に逃《のが》れた配達員の女性は、震災翌日の午前三時頃《ごろ》、真っ暗な避難所の中で突然《とつぜん》立ち上がった。「②新聞を配りに行かなくては。」と停電が続いて真っ暗な街に出ていこうとする。家族や知り合いは「外は危険だからやめなさい。」「新聞ができているはずがない。」と止めた。それでも「私《わたし》だって報道機関の一員。読者が待っているから。」と販売《はんばい》店に向かった。

一人一人の「三・一一」を思う

会社も社員も被災者だった。創刊以来の百十数年間、東北の人々とともに歩んできた。震災直後から③社員が一丸となって心がけたことがある。「被災者の悲しみに寄り添《そ》う。」「被災地の惨状をありのまま伝えたい。」新聞の一面に掲載《けいさい》し続けているスローガンがある。「再生へ　心ひとつに」。災害の大きさをいち早く伝えながら、自分

(1) ——線①「新聞は大切なライフラインの一つだった」とありますが、新聞は何をするために必要だったのですか。「（　）ため。」に当てはまるように、文章中から九字で抜《ぬ》き出しなさい。

□□□□□□□□□ ため。

(2) ——線②「新聞を配りに行かなくては」と立ち上がった配達員について、

❶ そのような行動をした理由を、次のようにまとめました。（　）に当てはまる言葉を、文章中から七字で抜き出しなさい。

・自分も（　）だという自覚があったから。

□□□□□□□

❷ 配達員の気持ちを表す言葉を次から一つ選び、記号で答えなさい。

ア 使命感　イ 無力感　ウ 危機感

（　）

(3) ——線③「社員が一丸となって心がけたこと」とはどんなことですか。それが分かる一文を文章中から探し、初めの六字を抜き出しなさい。

□□□□□□

たちの住む東北の人々が復興へと歩む姿を記録し続ける。それが何より大切だと思った。

震災時にはインターネット上などでたくさんのデマが流れたが、新聞の生命線は信頼《しんらい》性だ。新聞は客観的な報道が原則である。だが、被災者でもある我々は④主観的な報道も必要だと感じた。記者の顔が見える署名記事を飛躍《ひやく》的に増やした。当初の報道では、できるだけ個人名や地名を盛り込《こ》もうとした。名前が紙面に載《の》ることで、その人の安否が分かるからだ。被災者一人一人にそれぞれの「三・一一」がある、と思いながら報道を続けた。取材すればするほど、「東日本大震災は、たくさんの人が犠牲《ぎせい》になった災害が一つあったのではない。一人の人間が死亡・行方《ゆくえ》不明になった災害がその数だけあったのだ。」と思うようになった。

震災後しばらくは、ライフラインの復旧状況《じょうきょう》や各種の相談電話先などを提供する⑤「生活情報」のページにも力を割《さ》いた。東北の被災者にとって、日々の生活に密接に関わる情報こそが欲《ほ》しい。例えば、低肺機能患者《かんじゃ》でつくる団体から、被災者に酸素を提供できる会社の連絡《れんらく》先を知らせる伝言があり、紙面に載せた。この団体からはのちに「あの記事によって避難所にいる患者に酸素を届けることができました。的確な情報を提供していただいたことに感謝します。」という礼状が届いた。小さな情報欄《らん》だが、生死の境をさまよう人たちからのSOSに新聞を通じて応えることができた。新聞は人と人とをつなぐメディアでありたい。

今野俊宏「いつものように新聞が届いた――メディアと東日本大震災」より

❶ (4) ――線④「主観的な報道も必要だと感じた」について、「主観的な報道」をするために、どんな記事を増やしましたか。文章中から十二字で抜き出しなさい。

❷ 「主観的な報道も必要だと感じた」理由を次から一つ選び、記号で答えなさい。

ア インターネット上などでデマが流れるのを防ぎたいから。

イ 被災地では、客観的な報道をすると新聞が売れないから。

ウ 被災者一人一人に寄り添い、必要な情報を伝えたいから。

（　　）

(5) ――線⑤「『生活情報』のページ」には、どんな種類の情報を載せていましたか。文章中から十二字で抜き出しなさい。

情報。

ヒント

(2) 自分の役目を果たそうとする強い気持ちが表れている。

(3) 新聞社の人たちが「何より大切だ」と思ったことだよ。

(5) 被災者が本当に欲しいのはどんな情報だろう。

自分たちも被災者だからこそ、大切なこと、必要なことが分かったんだね。

Step 2

いつものように新聞が届いた――メディアと東日本大震災《しんさい》

20分

/100

目標 75点

❶ 文章を読んで、問いに答えなさい。思

▼教187ページ11行～188ページ19行

地元に生きる

日本の新聞は、日本中を発行エリアとする全国紙と、県単位や東北などのブロック単位で発行する地方紙に大別される。地域に根差す新聞をうたう地方紙と全国紙の違《ちが》いはどこにあるのだろう。

①ある大学の分析《ぶんせき》によると、東日本大震災において、全国紙の報道は、発生数日後には地震や津波《つなみ》から原子力発電所の事故のほうに比重が移った。二週間近くたつと、その他のニュースのほうが震災関連の記事を上回るようになる。一方、仙台《せんだい》市に本社を置く新聞社の報道は、一か月を経過しても津波や地震の記事のほうが原発事故関連より多く、紙面全体では震災関連の記事が大半を占《し》めていた。全国に展開する新聞と被災《ひさい》地の地元紙では、②読者が新聞に望むものが異なる。津波で被災し、助けを求める人々がそのときに必要としている情報を継続《けいぞく》して発信し続ける。それが地元紙の役割だ。

③言葉の使い方でも微妙《びみょう》な違いが出る。震災直後の三月十三日、宮城県庁で開かれた会議で、死者・行方《ゆくえ》不明者が一万人を超《こ》えるのは確実という報告が初めて出された。仙台市に本社を置く新聞社の翌日の朝刊一面の大見出しは、「犠牲《ぎせい》『万単位に』」だった。

④この見出しを担当した整理記者は、「死者」か「犠牲」か、どちらの言葉を使うか大いに悩《なや》んだ。彼《かれ》は以前、被災地である宮城県石《いしの》

(1) ――線①「ある大学の分析」の結果について、全国紙に当てはまらないものを次から一つ選び、記号で答えなさい。

ア 短期間で伝えるニュースの内容が変化する。

イ いろいろな種類の情報を広い範囲《はんい》へ伝える。

ウ 読者の希望より新聞社の方針が優先である。

(2) ――線②「読者が新聞に望むもの」とありますが、地方紙にはどんな役割を望んでいるのですか。「被災者が……役割。」という形で書きなさい。

(3) ❶ ――線③「言葉の使い方でも微妙な違いが出る」について、何を伝えたときに違《ちが》いが出ましたか。文章中から二十五字で探し、初めの五字を抜《ぬ》き出しなさい。(句読点・符号《ふごう》も含《ふく》む)

❷ どんな違いが出ましたか。文章中の言葉を使って書きなさい。

点UP

(4) ❶ ――線④「見出しを担当した整理記者」について、記者が見出しを考えるとき、影響《えいきょう》を与《あた》えた経験や事実は何ですか。経験と事実に分けて書きなさい。

❷ ❶をもとに、「死者」を使わないと決めたのはなぜですか。その理由が分かる一文を文章中から探し、初めの五字を抜き出しなさい。

点UP

(5) ――線⑤「新聞が果たすべきこと、新聞に求められていること」とは、どんなことですか。「経験」「情報」という言葉を使って書きなさい。

巻《まき》市に住み、取材に駆《か》け回った経験がある。紙面に掲載《けいさい》する写真や記事を見ながら、震災前の街の風景が目に浮《う》かぶ。顔なじみもたくさんいる。冷めた印象の「死者」という言葉をどうしても使いたくなかった。何よりも明日、被災地で苦しむ人々がこの新聞を目にする。「死者」は正確かもしれないが、使わないと決めた。翌日、全国紙のほとんどは「死者」という言葉を使っていた。

　地方紙の記者は、その地域に住み、人々と長く付き合っていく。同じ空気を吸いながら、地域の変化をニュースにしていく。地域の人々がふるさとを思う気持ちは痛いほど分かる。原発事故による風評で東北の農産物が売れなくなっているという記事があった。東京のイベントで福島産の米を買った人のコメントに涙《なみだ》がこぼれそうになった。「風評に惑《まど》わされる人はいつの時代もどこにでもいる。ただ、被災地を応援《おうえん》したいと思っている人はその何十倍もいる。」

未来のために伝え続ける

「三・一一」のあの瞬間《しゅんかん》の前に戻《もど》りたいと思っても、戻ることはできない。私たちには、巨大《きょだい》な自然災害を察知し、コンクリートで制《せい》御《ぎょ》できるという過信があったのかもしれない。過去は変えられなくても、経験を今後に生かしていくことはできる。記者たちは、⑤新聞が果たすべきこと、新聞に求められていることは何かを考え続けている。キーワードは「防災」「減災」だ。

今野俊宏「いつものように新聞が届いた――メディアと東日本大震災」より

2 ――線のカタカナを漢字で書きなさい。

1 交通モウが発達する。

2 準備がトドコオる。

3 新刊の発行がアヤぶまれる。

4 注意をカンキする。

1

(1) 5点

(2) 15点

(3) ① ② 5点 15点

(4) ① 経験 10点 事実 10点 ② 5点

(5) 15点

2

① ② ③ ④ 各5点

成績評価の観点 思…思考・判断・表現

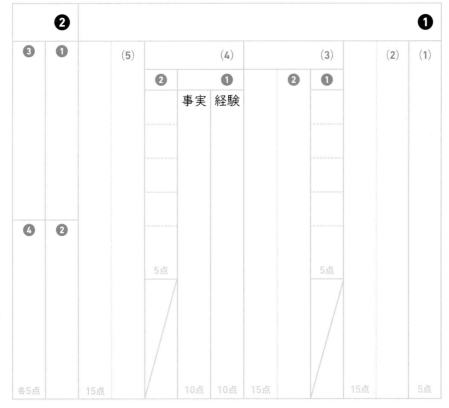

Step 2

文法の窓2 文法のまとめ／漢字道場7 間違《まちが》えやすい言葉

（何のために「働く」のか～漢字道場7 間違えやすい言葉）

20分

／100

目標 75点

❶ ――部の漢字の読み仮名《がな》を書きなさい。

① 過去を顧みる。
② じっと耐える。
③ 瑠璃色のガラス。
④ 美しい錦絵。
⑤ 汎用性がある。
⑥ 訃報が届く。
⑦ 琴線に触《ふ》れる。
⑧ 心に銘記した。
⑨ 表彰を受ける。
⑩ 百戦錬磨
⑪ 極彩色の壁画《へきが》。
⑫ 夏至の日。
⑬ 神社の境内。
⑭ 小児科医を志す。
⑮ パンの生地。

❶

①	⑤	⑨	⑫
②	⑥	⑩	⑬
③	⑦	⑪	⑭
④	⑧		⑮

各2点

❷ カタカナを漢字に直しなさい。

① コイビトの写真。
② フクシ施設《しせつ》
③ 無人ハンバイ
④ 体力のショウモウ。
⑤ 結果のブンセキ。
⑥ ショウゾウ画
⑦ ベンギをはかる。
⑧ ダミンを貪《むさぼ》る。
⑨ カッコに入れる。
⑩ 写真をハンプする。
⑪ モミジ狩《が》り
⑫ キュウチに陥《おちい》る。
⑬ ケビョウで休む。
⑭ カカンに挑《いど》む。
⑮ カキョウに入る。

❷

①	⑤	⑨	⑬
②	⑥	⑩	⑭
③	⑦	⑪	⑮
④	⑧	⑫	

各2点

3 次の――線部と文法上の性質が同じものを選び、それぞれ記号で答えなさい。

❶ 雪国らしい景色が広がる。
ア 彼《かれ》は来ないらしい。　イ 明日の朝は雪らしい。
ウ 君らしい服装だね。

❷ あなたはピアノが上手だ。
ア 少し様子が変だ。　イ その本はもう読んだ。
ウ 明日は雨のようだ。

❸ そんなに高級な服ではない。
ア 雲で月が見えない。　イ 駅までは遠くない。
ウ 優《やさ》しさがさりげない。

❹ かすかに話し声が聞こえる。
ア 元気に出かける。　イ 今日は家にいるよ。
ウ すぐに帰った方がよい。

❺ もうすぐ桜が咲《さ》きそうだ。
ア 荷物は明日届くそうだ。　イ 何かわけがありそうだ。
ウ 何か食べて来るそうだ。

3				
❶	❷	❸	❹	❺
				各4点

4 次の各文の中には、漢字の間違いが一つずつあります。その字を抜《ぬ》き出して、正しい字を書きなさい。

❶ 短刀直入に言うけれど、最近少し成績が落ちているよ。

❷ 僕が一人暮らしをしたいと言うと、家族は異句同音に反対した。

❸ 趣味で、日々の出来事を堕筆に著している。

❹ 美術部員の合作した絵が、展覧会で華作に選ばれた。

4	
❶ →	❷ →
❸ →	❹ →
	各5点

テストに出る

● 文法的な性質の違いを押《お》さえよう

「ない」
それだけで文節になる→形容詞・補助形容詞
それだけで文節にならない
「ぬ（ん）」に置き換《か》えられる→打ち消しの助動詞
上に形容詞の一部がある→形容詞の一部

文法的な性質を見分けるには、「文節になるか・上にどんな言葉があるか・上に用言がある場合、活用形は何か」などを調べます。

Step 1 レモン哀歌《あいか》

15分

1 詩を読んで、問いに答えなさい。

▼㊙ 210ページ1行～211ページ7行

レモン哀歌

高村光太郎《たかむらこうたろう》

そんなに①もあなたは（―線①）レモンを待つ《マッ》てゐ《イ》た
かなしく白くあかるい死の床《とこ》で
わたしの手からとつ《トッ》た一つのレモンを
あなたのきれいな歯がりりと噛《か》んだ
トパァズいろの香《かう》《コウ》気《き》が立つ
その数滴《てき》の②天のものなるレモン（―線②）の汁《しる》は
ぱつ《パッ》とあなたの意識を正常にした
あなたの青く澄《す》んだ眼《め》がかすかに笑ふ《ウ》
わたしの手を握《にぎ》るあなたの力の健康さよ
あなたの咽喉《のど》に嵐《あらし》はあるが
かう《コウ》いふ《ウ》命の瀬戸《せと》ぎは《ワ》に
智《ち》恵《ゑ》《エ》子《こ》はもとの智恵子となり
生涯《しやうがい》《ショウ》の愛を一瞬《いつしゆん》《イッシュン》にかたむけた
それからひと時

(1) この詩を、場面の上から大きく二つに分けると、二つ目の場面はどこから始まりますか。初めの五字を抜《ぬ》き出しなさい。

□□□□□

(2) ―線①「あなた」の名前を、詩の中から抜き出しなさい。

（　　　）

(3) 詩の中から、擬音語《ぎおん》（音声を表す語）を一つ抜き出しなさい。

（　　　）

(4) 次のものは、詩の中でどんな色だと表現されていますか。詩の中から抜き出しなさい。

1 「あなた」の眼　（　　　）

2 レモンの香気　（　　　）

(5) ―線②「天のものなるレモン」とありますが、レモンを「天のもの」と表現した理由を次から一つ選び、記号で答えなさい。

ア めったに手に入らない高級なレモンだから。
イ レモンなどの果物は自然の恵《めぐ》みであるから。
ウ レモンが「あなた」の意識を正常にしたから。

（　　　）

昔山巓《さんてん》でしたやう《ヨウ》な深呼吸を一つして
③あなたの機関はそれなり止まつ《マッ》た
写真の前に挿《さ》した桜の花かげに
すずしく光るレモンを今日も置かう《コウ》

高村光太郎「レモン哀歌」〈「智恵子抄《しょう》」〉より

(6) 「あなた」が病気で苦しむ様子を表している一行を、詩の中から抜き出しなさい。

（　　　　）

(7) ——線③「あなたの機関はそれなり止まつた」が意味することを次から一つ選び、記号で答えなさい。

ア 「あなた」が息を引き取ったこと。
イ 「あなた」が黙《だま》ってしまったこと。
ウ 「あなた」が意識をなくしたこと。

（　　）

ヒント

(1) 一つ目の場面は、「あなた」が息を引き取るまでだよ。
(2) この詩は、高村光太郎が、妻と過ごした最期《さいご》のひとときを主な題材としている。
(3) 「あなた」がレモンを噛んだときの音。

「ぱつと」は、音声ではなく、正常な意識を取り戻《もど》す様子を表しているから、「擬態語」だよ。

(5) レモンの汁《しる》が、一瞬とはいえ、死の間際《まぎわ》にある「あなた」の意識を取り戻させ、「わたし」に笑いかけ、手を握るようにさせたことを、天が起こした奇跡《きせき》として表現しているよ。

Step 1

生《う》ましめんかな

15分

1 詩を読んで、問いに答えなさい。

▼㊎212ページ1行～213ページ9行

生ましめんかな

栗原貞子《くりはらさだこ》

こわれたビルディングの地下室の夜だった。
原子爆弾《ばくだん》の負傷者たちは
①ローソク一本ない暗い地下室を
うずめて、いっぱいだった。
生《な》まぐさい血の匂《にお》い、死臭《ししゅう》。
汗《あせ》くさい人いきれ、うめきごえ
その中から不思議な声がきこえて来た。
「赤ん坊《ぼう》が生まれる」と言うのだ。
②この地獄《じごく》の底のような地下室で
今、若い女が産気づいているのだ。
マッチ一本ないくらがりで
どうしたらいいのだろう
人々は自分の痛みを忘れて気づかった。
と、「私《わたし》が産婆《さんば》です、私が生ませましょう」
と言ったのは
さっきまでうめいていた重傷者だ。
③かくてくらがりの地獄の底で

(1) この詩に描《えが》かれている場所について、次のようにまとめました。□に当てはまる言葉を、詩の中からそれぞれ抜《ぬ》き出しなさい。

・□□□□の□□□たちでいっぱいの、こわれたビルの□□□。

(2) ——線①「ローソク一本ない」地下室の暗さを、たとえを使って表した部分を、詩の中から九字で抜き出しなさい。

□□□□□□□□□

(3) ——線②「この地獄の底……産気づいているのだ」に込《こ》められている心情を次から一つ選び、記号で答えなさい。

ア 真っ暗な地下室で出産にのぞもうとしている女性への困惑《こんわく》。
イ いま生まれても赤ん坊は生きられないだろうというおそれ。
ウ これほどひどい状況《じょうきょう》でも誕生しようとしている命への驚《おどろ》き。

（　　）

(4) ——線③「かくてくらがりの地獄の底で／新しい生命は生まれた」と対《つい》になっている表現を、詩の中から抜き出しなさい。

（　　）

新しい生命《いのち》は生まれた。
かくてあかつきを待たず産婆は
血まみれのまま死んだ。
生ましめんかな
生ましめんかな
己《おの》が命捨つとも

栗原貞子「生ましめんかな」〈「ヒロシマというとき」〉より

(5) 「生ましめんかな」とほぼ同じ意味の言葉を、詩の中から七字で抜き出しなさい。

(6) 詩に出てくる「産婆」の説明として最も適切なものを次から一つ選び、記号で答えなさい。

ア 自分も重傷者なのに、周りの人から頼《たの》まれたので仕方なく出産を手伝っている。

イ ひどい状況下でも自分なら無事に生ませることができると思い、名乗り出ている。

ウ たとえ自分の命を失っても、必ず新しい命を誕生させようと強く決意している。

ヒント

(2) 「ローソク一本ない」「マッチ一本ない」も暗さの表現だけれど、たとえではなくその場の様子を表している。

(3) 人々は「自分の痛みを忘れて」母子を気づかっている。

(6) 詩の最後の三行に、命と引き換《か》えに新しい命を生ませた産婆の思いが表現されているよ。

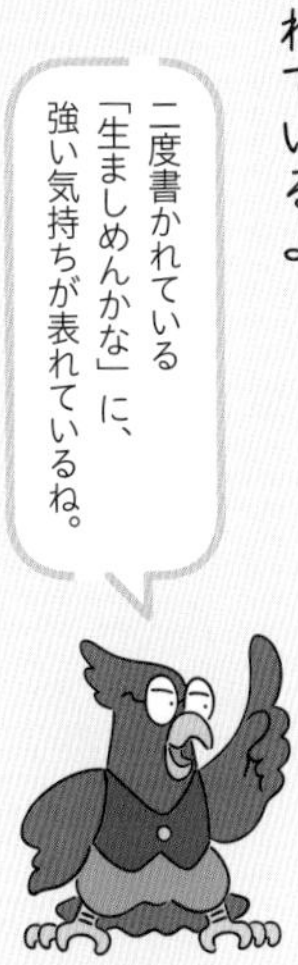
二度書かれている「生ましめんかな」に、強い気持ちが表れているね。

Step 1

最後の一句

15分

1 文章を読んで、問いに答えなさい。

▼教 216ページ34行～218ページ11行

元文《げんぶん》元年の秋、新七《しんしち》の船は、出羽国《でわのくに》秋田から米を積んで出帆《しゅっぱん》した。その船が不幸にも航海中に風波《ふうは》の難に遭《あ》って、半難船の姿になって、積み荷の半分以上を流失した。新七は残った米を売って金にして、大阪へ持って帰った。

さて①新七が太郎兵衛《たろべえ》に言うには、難船をしたことは港々で知っている。残った積み荷を売ったこの金は、もう米主に返すには及《およ》ぶまい。これは跡《あと》の船を仕立てる費用に充《あ》てようじゃないかと言った。

太郎兵衛はそれまで正直に営業していたのだが、営業上に大きい損失を見た直後に、現金を目の前に並べられたので、ふと良心の鏡が曇《くも》って、その金を受け取ってしまった。

すると、秋田の米主のほうでは、難船の知らせを得たのちに、残り荷のあったことやら、それを買った人のあったことやらを、人づてに聞いて、わざわざ人を調べに出した。そして新七の手から太郎兵衛に渡《わた》った金高《かねだか》までを探《さぐ》り出してしまった。

②米主は大阪へ出て訴《うった》えた。新七は逃走《とうそう》した。そこで太郎兵衛が入《にゅう》牢《ろう》してとうとう死罪に行われることになったのである。

平野町《ひらのまち》のおばあ様が来て、恐《おそ》ろしい話をするのを③姉娘《あねむすめ》のいちが立ち聞きをした晩のことである。桂屋《かつらや》の女房《にょうぼう》はいつも繰《く》り言《ごと》を言って

(1) ――線①「新七が太郎兵衛に言うには」について、新七が太郎兵衛に勧《すす》めたことを次のようにまとめました。（　）に当てはまる言葉を、文章中からそれぞれ十字で抜《ぬ》き出しなさい。

・（❶）金を、（❷）にすること。

❶

❷

(2) ――線②「米主は大阪へ出て訴えた」とありますが、米主が訴えたことを次から一つ選び、記号で答えなさい。

ア 航海中に船が難破し、積み荷が半分以上流失したこと。

イ 太郎兵衛たちが米の代金を返さないで、着服したこと。

ウ 営業上の損失は、太郎兵衛より自分の方が大きいこと。

（　）

(3) ――線③「姉娘のいち」とありますが、この家にいる「いち」以外の子供の名前を全て抜き出しなさい。

（　）

(4) ――線④「願い書というものを書いてお奉行様に出す」について、次の問いに答えなさい。

泣いた後で出る疲《つか》れが出て、ぐっすり寝入《ねい》った。女房の両脇《りょうわき》には、初五郎《はつごろう》と、とくとが寝ている。初五郎の隣《となり》には長太郎《ちょうたろう》が寝ている。とくの隣にまつ、それに並んでいちが寝ている。

しばらくたって、いちが何やら布団《ふとん》の中で独り言を言った。「ああ、そうしよう。きっとできるわ。」と、言ったようである。

まつがそれを聞きつけた。そして「姉さん、まだ寝ないの。」と言った。

「大きい声をおしでない。私《わたし》いいことを考えたから。」いちはまずこう言って妹を制しておいて、それから小声でこういうことをささやいた。お父《と》っさんはあさって殺されるのである。自分はそれを殺させぬようにすることができると思う。どうするかというと、④願い書というものを書いてお奉行《ぶぎょう》様に出すのである。しかしただ殺さないでおいてくださいと言ったって、それでは聴《き》かれない。お父っさんを助けて、その代わりに私《わたくし》ども子供を殺してくださいと言って頼《たの》むのである。それをお奉行様が聴いてくだすって、お父っさんが助かれば、それでいい。子供は本当に皆《みな》殺されるやら、私《わたし》が殺されて、小さい者は助かるやら、それは分からない。ただお願いをするとき、⑤長太郎だけはいっしょに殺してくださらないように書いておく。あれはお父っさんの本当の子でないから、死なくてもいい。それにお父っさんがこの家の跡を取らせようと言っていらっしゃったのだから、殺されないほうがいいのである。いちは妹にそれだけのことを話した。

森鷗外「最後の一句」〈「鷗外全集」〉より

1 お奉行様に「願い書」を出すのは何のためですか。次から一つ選び、記号で答えなさい。

ア 父親の死刑が実行されないようにするため。
イ 父の代わりに新七を死罪にしてもらうため。
ウ 米主に金を返さないで済むようにするため。

（　　）

2 いちは「願い書」にどんなことを書くつもりですか。次の文の（　）に当てはまる言葉を、文章中から十三字で抜き出しなさい。

・父の代わりに（　　　）と頼むこと。

(5) ――線⑤「長太郎だけは……書いておく」のはなぜですか。その理由に当てはまらないものを次から一つ選び、記号で答えなさい。

ア 幼いから。　イ 実子ではないから。　ウ 跡取りだから。

（　　）

ヒント

(2) 本来、積み荷を売った金は米主に返すべきものだ。

(3) 「いち」を含《ふく》めて五人の子供がいるよ。

船が難破して損をした太郎兵衛は、お金を自分のものにしてしまったんだ。

Step 2

最後の一句

20分

/100
目標 75点

1 文章を読んで、問いに答えなさい。思

▼教 226ページ12行～227ページ28行

「とく。」と取調役《とりしらべやく》が呼んだ。とくは姉や兄が順序に呼ばれたので、今度は自分が呼ばれたのだと気がついた。そしてただ目を見張って役人の顔を仰《あお》ぎ見た。

「おまえも死んでもいいのか。」

とくは黙《だま》って顔を見ているうちに、唇《くちびる》に血色がなくなって、①目に涙《なみだ》がいっぱいたまってきた。

「初五郎《はつごろう》。」と取調役が呼んだ。

ようよう六歳《さい》になる末子《ばっし》の初五郎は、これも黙って役人の顔を見たが、「おまえはどうじゃ、死ぬるのか。」と問われて、活発にかぶりを振《ふ》った。書院の人々は覚えず、②それを見てほほ笑《え》んだ。

このとき佐佐《ささ》が書院の敷居際《しきいぎわ》まで進み出て、「いち。」と呼んだ。

「はい。」

「おまえの申し立てにはうそはあるまいな。もし少しでも申したことに間違《まちが》いがあって、人に教えられたり、相談をしたりしたのなら、今すぐに申せ。隠《かく》して申さぬと、そこに並べてある道具で、誠《まこと》のことを申すまで責めさせるぞ。」佐佐は責め道具のある方角を指差した。

③いちは指された方角をひと目見て、少しもたゆたわずに、「いえ、申したことに間違いはございません。」と言い放った。その目は冷ややかで、その詞《ことば》は徐《しず》かであった。

(1) ――線①「目に涙がいっぱいたまってきた」ときのとくの気持ちを書きなさい。

(2) ――線②「それ」とは、誰《だれ》が何をする様子ですか。文章中の言葉を使って書きなさい。

(3) ――線③「いちは指された方角をひと目見て、……その詞は徐かであった」から、いちはどんな性格だと考えられますか。次から一つ選び、記号で答えなさい。

ア 頑固《がんこ》で、人の意見を聞き入れない性格。
イ 後先のことを考えない、思慮《しりょ》が浅い性格。
ウ 強い意志を態度でも示す、冷静な性格。

(4) ――線④「お上のことには間違いはございますまいから」について、次の問いに答えなさい。

1 この言葉を聞いた佐佐の感情に当てはまらないものを次から一つ選び、記号で答えなさい。
ア おどろき　イ あわれみ　ウ にくしみ

2 この言葉を言ったとき、いちの心の中にはどんな思いがありましたか。文章中から十字で抜《ぬ》き出しなさい。

点UP
3 この言葉が書院の人々に与《あた》えた印象を、たとえを使って表している部分を、文章中から二十字以内で抜き出しなさい。

(5) ――線⑤「罪人太郎兵衛の娘に現れたような作用」とはどんなことですか。「身代わり」という言葉を使って書きなさい。

「そんなら今一つおまえにきくが、身代わりをお聞き届けになると、おまえたちはすぐに殺されるぞよ。父の顔を見ることはできぬが、それでもいいか。」

「よろしゅうございます。」と、同じような、冷ややかな調子で答えたが、少し間を置いて、何か心に浮《う》かんだらしく、「④お上《かみ》のことには間違いはございますまいから。」と言い足した。

佐佐の顔には、不意打ちに遭《あ》ったような、驚愕《きょうがく》の色が見えたが、それはすぐに消えて、険しくなった目が、いちの面《おもて》に注がれた。憎《ぞう》悪《お》を帯びた驚異《きょうい》の目とでもいおうか。しかし佐佐は何も言わなかった。

次いで佐佐は何やら取調役にささやいたが、間もなく取調役が町《まち》年寄《どしより》に、「御用が済んだから、引き取れ。」と言い渡《わた》した。

白洲《しらす》を下がる子供らを見送って、佐佐は太田《おおた》と稲垣《いながき》とに向いて、「生《お》い先の恐《おそ》ろしい者でござりますな。」と言った。心の内には、哀《あわ》れな孝行娘《むすめ》の影《かげ》も残らず、人に教唆《きょうさ》せられた、愚《おろ》かな子供の影も残らず、ただ氷のように冷ややかに、刃《やいば》のように鋭《するど》い、いちの最後の詞の最後の一句が反響《はんきょう》しているのである。元文頃《げんぶんごろ》の徳川《とくがわ》家の役人は、もとより「マルチリウム」という洋語も知らず、また当時の辞書には献身《けんしん》という訳語もなかったので、人間の精神に、老若男女《ろうにゃくなんにょ》の別なく、⑤罪人太郎兵衛《たろべえ》の娘に現れたような作用があることを、知らなかったのは無理もない。しかし献身のうちに潜《ひそ》む反抗《はんこう》の矛先《ほこさき》は、いちと語《ことば》を交えた佐佐のみではなく、書院にいた役人一同の胸をも刺《さ》した。

森鷗外「最後の一句」〈「鷗外全集」〉より

２ ――線のカタカナを漢字で書きなさい。

❶ ユウフクな家庭。

❷ リョウワキに本を抱《かか》える。

❸ 明日ウカガいます。

❹ 事実をチンジュツする。

❶							❷			
(1)	(2)	(3)	(4) ❶	(4) ❷	(4) ❸	(5)	❶	❷	❸	❹
15点	10点	5点	10点	15点	10点	15点	各5点			

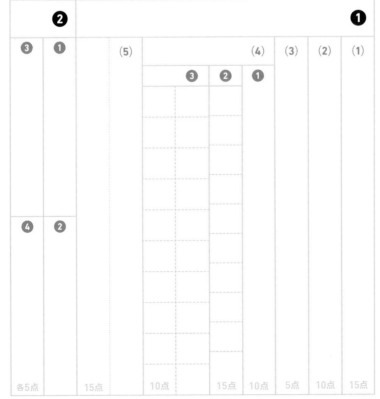

Step 2

基礎《きそ》編　文法解説

20分

/100

目標 75点

1 次の説明に合う品詞をあとから選び、それぞれ記号で答えなさい。

1 自立語で活用し、言い切りがウ段
2 自立語で活用し、言い切りが「い」
3 自立語で活用し、言い切りが「だ」「です」
4 自立語で活用せず、主語になる
5 自立語で活用せず、連体修飾《しゅうしょく》語になる
6 自立語で活用せず、主に連用修飾語になる
7 自立語で活用せず、接続語になる
8 自立語で活用せず、独立語になる
9 付属語で活用する
10 付属語で活用しない

ア 名詞　イ 動詞　ウ 感動詞　エ 助動詞　オ 連体詞
カ 形容動詞　キ 接続詞　ク 助詞　ケ 形容詞　コ 副詞

1

1	5	9
2	6	10
3	7	
4	8	

各5点

2 次の各文の中の――線の語の活用形を答えなさい。活用しない語には○を書きなさい。

1 どれを選べばよいか、わからない。
2 川の方から、きれいな音が聞こえてくる。
3 昨日からずっと同じ本を読んでいます。
4 ああ、もう少しきちんと勉強しておけばよかった。
5 誕生日には大きなケーキを食べたい。
6 そんなところで見ていないで、こっちへ来いよ。
7 あと少しだけ背が高ければ、手が届くのに。
8 部活が終わったら冷たい水を飲んで休みたい。
9 この図書室は小中学生のみ無料で利用できる。
10 絶対的な正しさというものはあるのだろうか。

2

1	5	9
2	6	10
3	7	
4	8	

各5点

A [解答▶p.16]

テスト前 ☑ やることチェック表

① まずはテストの目標をたてよう。頑張ったら達成できそうなちょっと上のレベルを目指そう。
② 次にやることを書こう（「ズバリ英語〇ページ，数学〇ページ」など）。
③ やり終えたら□に✓を入れよう。
　最初に完ぺきな計画をたてる必要はなく，まずは数日分の計画をつくって，
　その後追加・修正していっても良いね。

目標

	日付	やること 1	やること 2
2週間前	／	□	□
	／	□	□
	／	□	□
	／	□	□
	／	□	□
	／	□	□
	／	□	□
1週間前	／	□	□
	／	□	□
	／	□	□
	／	□	□
	／	□	□
	／	□	□
	／	□	□
テスト期間	／	□	□
	／	□	□
	／	□	□
	／	□	□
	／	□	□

QRコードのページに登録すると，「ぴたリンク」からも表をダウンロードできるよ

キリトリ線

テスト前 ✓ やることチェック表

① まずはテストの目標をたてよう。頑張ったら達成できそうなちょっと上のレベルを目指そう。
② 次にやることを書こう（「ズバリ英語○ページ，数学○ページ」など）。
③ やり終えたら□に✓を入れよう。
最初に完ぺきな計画をたてる必要はなく，まずは数日分の計画をつくって，
その後追加・修正していっても良いね。

目標

	日付	やること 1	やること 2
2週間前	／	□	□
	／	□	□
	／	□	□
	／	□	□
	／	□	□
	／	□	□
	／	□	□
1週間前	／	□	□
	／	□	□
	／	□	□
	／	□	□
	／	□	□
	／	□	□
	／	□	□
テスト期間	／	□	□
	／	□	□
	／	□	□
	／	□	□
	／	□	□

QRコードのページに登録すると，「ぴたリンク」からも表をダウンロードできるよ

東京書籍版 国語3年

定期テスト ズバリよくでる

解答集

〈本体から外してお使いください〉

生命《いのち》は

2〜3ページ Step 1

❶ (1) イ

(2) ① 例 抱く　② 例 満たす

(3) ア

—考え方—

❶ (1) どのような意味で「完結できない」のかを、詩から読み取る。「めしべとおしべが揃《そろ》っているだけでは不充分《ふじゅうぶん》で」、それを「虫や風が仲立ち」するとある。つまり、生命を次の世代へつないでいくためには、「仲立ち」する存在が必要なので、花だけでは完結できないのである。

(2) 「花」は「生命」、「虻《あぶ》」は花の生命をつなぐ仲立ちをする「虫」の一例。「欠如《けつじょ》」という言葉を手がかりに、第二連の言葉を使ってまとめる。

(3) この詩は、「花」と「虫（虻）や風」の関係を例として、生命が続いていくためには、他者の存在が欠かせないことを表現している。

二つのアザミ

4〜5ページ Step 1

❶ (1) 「すてきに背高の薊」という表現

(2) ウ

(3) すてき・背高（順不同）

(4) 真っ暗な闇

(5) 3→1→2

(6) ① イメージ　② 見慣れていた光景

—考え方—

❶ (2) 筆者は「難しい表現」や「きらびやかな言葉」がないのに魅力《みりょく》を感じたと言っている。その上で、宮沢賢治《みやざわけんじ》が生み出した言葉の組み合わせが、自分にとっては「想像したことさえ」なかったようなものであったと言っている。

(3) 個別には知っていた「すてき」と「背高《せいたか》」という単語だが、その二つを組み合わせて、「すばらしく背の高いアザミ」の意味で使うことは、筆者にとっては「想像したことさえ」なかったとある。

(6) 「二つの『薊《あざみ》』」とは、宮沢賢治と梶井基次郎《かじいもとじろう》の作品に登場する薊。これらに触《ふ》れることで、筆者は「薊」という言葉に豊かなイメージを持つようになった。そのことを、文章の最後の部分で「本を読み、言葉に触れ、……新しい光が当てられる」と、全ての言葉に関わることとして言いかえながらまとめている。

俳句の読み方、味わい方／俳句五句

6〜7ページ Step 1

❶ (1) ① 囀・春　② 薄・秋

(2) ① 生命感　② 大樹

(3) しっか〜たらす

(4) ア

(5) 柔らかく言い止める・余韻を持たせている（順不同）

(6) ① C　② A

考え方

❶ (2)「春らしい生命感にあふれた季語」を使って、大樹の様子を表現した句である。

(3)『大樹かな』の『かな』も切れ字の一つです」で始まる段落に着目する。この句での切れ字は、大樹を「しっかりと受け止め、根を張るような安定感をもたらす表現」だと言っている。

(5)「この句の『かな』を……」で始まる段落から読み取る。「すすきかな」は、言い切るのではなく「言い止める」「余韻《よいん》を持たせている」と言っている。

日本語探検1　和語・漢語・外来語／漢字道場1　他教科で学ぶ漢字(1)

8～9ページ　Step 2

❶ ①かたすみ　②ゆ　③ば　④ふんいき　⑤よいん　⑥わず　⑦つがるかいきょう　⑧じゅうそう　⑨いちぐう　⑩どうよう　⑪きんさ　⑫こ　⑬こうそ　⑭さいぼう　⑮ししつ

❷ ①咲　②魅力　③払　④擬人　⑤稲穂　⑥屯田兵　⑦開拓　⑧勅語　⑨酪農　⑩缶詰　⑪捻挫　⑫特徴　⑬湿度　⑭飽和　⑮養殖

❸ ①イ　②ア　③ウ　④ア　⑤イ　⑥ア　⑦ウ　⑧イ

❹ ①新鮮な　②眠る（寝る）　③チャレンジ　④寝室

考え方

❸ 基本的には、和語は平仮名《ひらがな》や訓読み、漢語は音《おん》読み、外来語は片仮名で書かれていることが多い。②「川上《かわかみ》」は訓読みなので和語。③「イクラ」は、ロシア語をもとにしている。

❹ ①「フレッシュ」は漢語で言えば「新鮮《しんせん》」、和語で言えば「新しい」などとなる。漢語を和語にする場合は、使われている漢字の訓読みから考えるとよい。

形

10～11ページ　Step 1

❶ (1) ①肝魂　②羽織やかぶと

(2) ア

(3) そして自分

(4) ①虎に向かっている羊のようなおじけ　②今日は、彼

(5) ウ

考え方

❶ (1) 新兵衛《しんべえ》の羽織《はおり》とかぶとを着て、敵の目を驚《おどろ》かしたいという初陣《ういじん》の武者に対して、新兵衛は、それらの品々を身に着けるには、新兵衛と同等の「肝魂《きもだま》」を持っていなくてはならない、と言っている。羽織やかぶとという見た目（形）と、それを着ける武者の「肝魂（実力）」を一体化して捉《とら》える新兵衛の考えを押《お》さえる。

(2) 風の力で軽いものが左右に吹《ふ》き飛ばされる様子を思い浮《う》かべてみるとよい。新兵衛の姿をした武者が馬で乗り入ってきたので、敵陣の武者たちはその力を恐《おそ》れて逃《に》げたのである。

(4)「いつも」の様子は、傍線《ぼうせん》部の直後に書いてある。それに対して「今日は、……」以下には、いつもとは違《ちが》う、今日の様子が書いてある。

百科事典少女

12～13ページ　Step 1

❶ (1) 例 レシートを持っていないこと。

(2) ウ

(3) ①うそのお話　②ハッピーエンド

(4) 無口　堂々と　考えている

(5) イ

考え方

❶(4)「けれど決して、……」で始まる段落に、Rちゃんの学校での様子が書いてある。

百科事典少女

14〜15ページ Step 2

❶(1)例 手提げ袋に入れたいから。
(2)①例 百科事典を一字残らずノートに書き写すこと。
②果てしのない作業
(3)ウ
(4)例 百科事典のページの中では、世界を形作っている物事
(5)ア
(6)例 娘が探索した百科事典の道を、娘の身代わりとなって踏みしめるという意味。

❷①廃材 ②渇 ③窒素 ④舗装

考え方

❶(1)すぐあとに「どれもこれも手提《てさ》げ袋《ぶくろ》に入る大きさのものばかりだった」とある。
(2)①おじさんは百科事典を読むのではなく「第一巻の、あ、から始まって……書き写していった」とある。「百科事典を書き写す」という内容を必ず書くこと。②「私《わたし》」と父の会話の後に、物語の視点は再びおじさんの作業に戻《もど》って「それは果てしのない作業だった」と言っている。
(3)父の返事から「私」は「訳が分からないというニュアンスではなく、余計な口出しをせずに見守りたい」という父の気持ちを感じ取っている。
(4)「同じページの中で、河童《かっぱ》とカッパドキアと活版印刷が仲良く並び」などは、百科事典の項目《こうもく》が五十音順に並ぶ様子を表現している。また、傍線《ぼうせん》部の次の段落では、百科事典の中の様々な項目を「この世界を形作っている物事」と表現している。これらを使ってまとめる。
(5)「私」は、Rちゃんと一緒《いっしょ》に読書休憩《きゅうけい》室で過ごしていたが、おじさんに対しては「邪魔《じゃま》にならないよう、中庭から」見守っている。しかしベベは、「Rちゃんのときと同じように」おじさんの近くにいても「何の差し障《さわ》りにもならなかった」のである。
(6)おじさんが百科事典を書き写す様子は「かつて娘《むすめ》が探索《たんさく》した道をたどり……身代わりとなって踏《ふ》みしめる。」と表現されている。おじさんは、娘(Rちゃん)が果たせなかった、百科事典を最後まで読むことを、娘の身代わりになって果たすことで、娘をなくした悲しみと向き合っているのである。「百科事典の内容を、娘の身代わりになって探索するという意味。」などの答えでもよい。

日本語探検2 間違《まちが》えやすい敬語/漢字道場2 熟語の構成・熟字訓

16〜17ページ Step 2

❶①うら ②しんし ③とんちゃく ④てさ
⑤げっぷ ⑥かいどう ⑦ようさい ⑧たんさく
⑨こ ⑩しゅういつ ⑪ぼんよう ⑫へんてつ
⑬せいぜつ ⑭ちみつ ⑮しい

❷①嵐 ②虎 ③休憩 ④椅子
⑤唯一 ⑥大胆 ⑦結 ⑧鍵
⑨花園 ⑩項目 ⑪皮膚 ⑫遠慮
⑬遺言 ⑭斬新 ⑮完璧

❸①召しあがって ②○ ③○ ④お持ちし ⑤外出して
⑥お返し ⑦○

❹①エ ②ウ ③カ ④オ ⑤ア ⑥イ

考え方

❸①客の動作を高めるので、謙譲《けんじょう》語ではなく尊敬語にする。③⑤身内のことには尊敬語ではなく、謙譲語を用いる。よって、③は正しいが、⑤は、自分の会社の社長について、客に話している場面なので、社長の動作には謙譲語を用いる。④⑥「お(ご)〜になる」

❹ は尊敬語、「お（ご）～する」は謙譲語。④は自分の動作なので謙譲語にする。⑥は先生の動作を高めるので尊敬語を使う。

①「仮に定める」で、「仮」が用言「定める」を修飾《しゅうしょく》している。⑤は「強い風」で、「強」が体言「風」を修飾している。②「豊富」はどちらも、たくさんあるという意味の字。⑥「問答」は問いと答えという対《つい》になっている。③は「手を握《にぎ》る」で、下の字が上の字の対象になっている。④は「地が震《ふる》える」で、主語と述語の関係になっている。

絶滅《ぜつめつ》の意味

18〜19ページ Step 1

❶ ⑴ トキ・ニホンオオカミ・ニホンカワウソ（順不同）
⑵ イ
⑶ ①ウ ②ⓐスピード ⓑ原因
⑷ 平均で四年に一種
⑸ ①環境変化 ②人間が引き起こした

—考え方—

❶ ⑴「キン」は特定のトキにつけられた名前なので、ここでは答えない。生物の種類を表す言葉を選ぶ。「メダカ」は「絶滅《ぜつめつ》が危惧《きぐ》される」状態だが、絶滅してはいないので、当てはまらない。

⑷ 傍線《ぼうせん》部の前に、過去の絶滅のスピードが「千年に一種くらい」であることを示した上で、西暦《せいれき》一六〇〇年から一九〇〇年という、より現代に近い時期では「平均で四年に一種」が絶滅したと書いてある。

⑸ 文章の最後の段落に、絶滅の原因について書いてある。過去の絶滅の原因は「火山の大噴火《ふんか》、隕石《いんせき》の衝突《しょうとつ》」など「環境《かんきょう》変化」であった。一方、現代の絶滅の原因は、人間による自然の利用、つまり「全て人間が引き起こしたこと」だとある。「過去」と「現代」を比べる文章の展開と、「これに対して」などの表現に注意して、比べられている内容を捉《とら》える。

絶滅《ぜつめつ》の意味

20〜21ページ Step 2

❶ ⑴ 酸素・土壌・栄養・水（順不同）
⑵ 例 病気や害虫を制御するという働き。
⑶ 例 伝統色の名前や独特の模様のモチーフに生物が使われていること。
⑷ ①独特のデザイン ②その土地固有の
⑸ イ
⑹ これに対し
⑺ 例 生態系の仕組みは複雑で、ある生物の絶滅がどのような結果を生むかの予測が難しいこと。

❷ ①昆虫 ②危惧（惧） ③伐採 ④遮

—考え方—

❶ ⑴ 傍線《ぼうせん》部のある段落から読み取る。

⑵「多様な生物が存在している」ことで「ある病気や害虫のみが爆《ばく》発《はつ》的に増加することは起こりにくい」ので、結果として、生態系は「病気や害虫を制御《せいぎょ》する」ことができる。「制御」は、思い通りに動かす、コントロールするという意味。

⑶ 傍線部直後の「例えば、……」以下から読み取ってまとめる。

⑷「こうした生物」を失うと、「地域の文化そのものを失う」ことになるような生物である。傍線部のある段落には、日本や世界各地に「その土地固有の生物」に由来する「独特のデザイン」があり、衣装《いしょう》や装飾《そうしょく》に使われていることが書いてある。この、独特のデザインの由来となる生物が、「このような生物」の指すものである。

⑸ 文章の終わりから三つの段落に、筆者の主張がある。筆者は、生物の絶滅の問題を「人間に影響《えいきょう》のないものと安易に考えて見過ごしてはならない」と言っている。

⑹ 生物の絶滅の問題を「人間に影響のないものと安易に考えて見過ごしてはならない」というのが筆者の主張であることを押《お》さえる。

「これに対して、……」で始まる段落には、「これ（筆者の主張）」に対して、「絶滅してもかまわない生物もいるのではないか」という、筆者とは異なる意見が挙げられている。

(7) 「これに対して、……」の段落で挙げた「絶滅してもかまわない生物もいるのではないか」という考え方に対して、文章の最後の段落に、筆者の反論がある。生態系の仕組みが複雑であること、予測が難しいことの二つを書くこと。「複雑な仕組みの生態系の中で、条件が変わるとどんな結果になるか予測は難しいこと。」などの答えでもよい。

日本語探検3　連語・慣用句／漢字道場3　四字熟語

22〜23ページ　Step 2

❶ ①か　②どじょう　③かいそう　④きんこう　⑤じゅんたく　⑥もうら　⑦だとう　⑧かくとうぎ　⑨かさ　⑩しんぼう　⑪だったい　⑫ほんそう　⑬しょうそう　⑭かんわ　⑮しゃくりょう

❷ ①恐竜　②西暦　③噴火　④毒蛇　⑤餌（餌）　⑥循環　⑦浄化　⑧制御　⑨貢献　⑩連鎖　⑪紛糾　⑫葬祭　⑬男女　⑭騎馬　⑮一夕

❸ ①ク　②オ　③イ　④ウ　⑤ア　⑥カ　⑦キ　⑧エ

❹ ①肩　②猿　③鼻　④水

❺ ①四　②七　③万　④五

考え方

❸ ①「朝日が差す」とは言うが、「朝日が入る」「朝日が来る」などとはあまり言わない。このように、言葉の中には、強い結びつきがあり、ひとまとまりの表現になるものがある。

❹ ①同じくらいの実力があること。②「犬猿《けんえん》」と読み、犬と猿《さる》のように非常に仲が悪いことのたとえ。③相手に対して気づかいや好意的な様子を見せない、ぶっきらぼうな様子。④予想外でとても驚《おどろ》くこと。

❺ ①寒い日と暖かい日が交互《こうご》に繰《く》り返す冬の気候。②倒《たお》れたり、転げ回ったりするような苦しみ。③多様な違《ちが》いがあること。④考えがまとまらなかったり、見通しが立たなかったりすること。「霧《む》中」を「夢中」としないように注意する。

恩返しの井戸を掘《ほ》る

24〜25ページ　Step 1

❶ (1) イ・ウ（順不同）
(2) 安全な水が手に入らず、風土病で命を落とす
(3) バケツ一杯
(4) イ
(5) ウ

考え方

❶ (1) 恩返しのために二〇〇三年七月にギニアに渡《わた》った「僕《ぼく》」は「当時不足していたマラリア治療《ちりょう》薬など、たくさんの薬を持っていった」とある。また、薬より井戸が必要だと聞いて「ギニアに井戸を掘ること」を思いつき、実行している。

(4) 「資金を用意し、井戸を作ること」は「僕」がやれること。それよりも「作った井戸の維持《いじ》管理を村人たち自身で行えるようにすることが大切」なので、水管理委員会を組織したのである。

恩返しの井戸を掘る

26〜27ページ　Step 2

❶ (1) 例 井戸から水が出たことを早く確かめたいという気持ち。
(2) 例 村人総出の手作りで作った井戸だから。
(3) ウ
(4) 例 日本で自分の体験を語ったり、豊かさについて子供たちと考えたりすること。
(5) 水や命〜気持ち

(6) 例 物や人を大切にし、人と協力し、分け合い、感謝する気持ちをもつこと。

❷ ① 泊 ② 診療 ③ 雇 ④ 滞在

考え方

❶ (1)「転がるように」は、急いでいる様子。「僕《ぼく》」は、井戸から「水が出た」という報告は受けていたが「まだ信じられなかった」ので、ギニアの掘削《くっさく》現場で早く真実を確かめたかったのである。

(2) 傍線《ぼうせん》部の前から、井戸が作られたときの様子を捉《とら》える。資金などは「僕」が用意したが、実際に井戸を作り上げる作業は、子供からお年寄りまで「村人総出」で行われている。

(3)「僕」は、井戸ができ、水が出て村人たちが「喜ぶ姿がうれしかった」ことや、彼《かれ》らの「強い気持ち」を感じて「胸がいっぱい」になっている。そして「関わった全ての人に感謝の気持ちを伝えたく」なっている。しかし「もう日本に帰らなければならない」「さびしい」といった気持ちは、この場面には出てこない。

(4) 文章の最後の段落に「僕が日本で自分の体験を語ったり、豊かさについて子供たちと考えたりすることも、恩返しの一つだと思う」とある。

(5)「僕」は、シェリフや村人たちとの出会いを通して「本当に大切なことにたくさん気づかせてもらった」と述べている。「本当に大切なこと」の具体的な内容が書いてある部分を抜《ぬ》き出す。

(6) 文章の終わりの二つの段落から、豊かさについての「僕」の考えを読み取る。「僕」はギニアでの体験を通して「水や命の大切さ……感謝の気持ち」などの「大切なこと」に気づいた。そのことを、「豊かさについて教えられている」と感じている。一方で「水や薬がある」ことは「豊か」になることとは違《ちが》うと述べている。「水や薬があることではなく、物や人を大切にしたり、分け合ったりする気持ちを持つこと。」などの答えでもよい。

幸福について

28〜29ページ Step ❶

❶ (1) ① 欲しいものが買える ② 喜びを感じる

(2) ウ

(3) ① ア ② エ

(4) イ

(5) しばしばい

(6) グー

考え方

❶ (1)「カイ」は「お金がなければ幸福は手に入らない」と言っている。また「お金があれば欲《ほ》しいものが買える」と言っているので、お金で欲しいものが買えることが、「カイ」にとっての幸福だと分かる。一方「トッポ」は、「幸福っていうのは喜びを感じることだ」と言っている。

(3) すぐあとに、「幸福が何《なん》なのかが分からなかったら、どうすれば幸福になれるのかも分からない」とある。「幸福が何なのか」のように、その言葉や考え方の意味を明らかにすることを「定義する」という。また、「どうすれば」は、方法を考えることである。

(4)「私《わたし》」は、「ただ自分の意見を言い合うだけになってしまう」のではない、きちんとした議論の仕方を学生に教えたいと考えている。そして、議論するときに「ありがちな」問題として「異なる問題を同時に議論してしまう」ことを挙げている。これをしないで、「区別すべき問題をきちんと分け」「一つずつ議論」することが、議論の仕方の「だいじな技術」だと言っている。

幸福について

30〜31ページ Step 2

❶ (1) 本人が幸福
(2) その人の感覚の問題
(3) 客観的に不幸
(4) イ
(5) 例 三人の議論がどうなっていったか
(6) 例 敵と味方に分かれて対立することではなく、正しい考え方を求める共同作業といえるもの。

❷ ①陰 ②猫 ③絞 ④充実

—考え方—

❶ (1) 「カイ」の「本人が幸福だと感じてなくても、客観的に見て幸福だってことは、あるかな」という問いかけに対して、「平和はどうかな」と答えている。
(2) 三人は、「麻薬《まやく》」「平和」などを例に挙げながら、「その人が幸福だと感じて」いれば幸福といえるのか、いえないのか、を議論している。つまり、幸福を「その人の感覚の問題」として考えることについて議論している。
(3) 直前の「カイ」の言葉を受けている。
(4) 「追及《ついきゅう》」は、責任などを問い、きちんとした答えを求めること。ここでは、「ある程度は人それぞれ……完全に人それぞれではない」という「カイ」の意見に対して、「ある程度」とはどの程度なのか、「人それぞれ」な場合と、そうでない場合とは、どう違うのかと、不明確な点を挙げて、答えを求めている。
(5) 三人の姿を見送った後に「三人の議論がそれからどうなっていったのかは分からない」とあり、「私《わたし》」が三人の議論の行方《ゆくえ》に関心を持っていたことが分かる。
(6) 文章の最後の段落に、「私」の考えがまとめられている。「私」は、みんなで議論することは「敵と味方に……共同作業なのだ」と考えている。「対立することではない」「共同作業である」ことを必ず書く。「どちらが正しいかで対立することではなく、正しい考えを見つけるための共同作業。」などの答えでもよい。

文法の窓1 曖昧《あいまい》な文・分かりづらい文／漢字道場4 送り仮名《がな》

32〜33ページ Step 2

❶ ①か ②なべ ③おか ④いちまつ ⑤かお ⑥まかな ⑦ほが ⑧おごそ ⑨みさき ⑩ほり ⑪わずら ⑫はなは ⑬うるし ⑭あきな ⑮もっぱ

❷ ①下痢 ②山岳 ③併発 ④維持 ⑤幼稚園 ⑥砂利 ⑦猫 ⑧過剰 ⑨漬 ⑩健 ⑪砕 ⑫但 ⑬幸 ⑭貴 ⑮災

❸ (1) ①首輪をつけた黒い犬が寝ている。
②僕はずっと、鳴り響く汽笛を聞いていた。
(2) ①例 優勝することだ。
②例 していたからだ。

❹ ①損なう ②著しい ③貴ぶ ④哀れだ ⑤必ず ⑥最も ⑦勢い ⑧○

—考え方—

❸ (1) ①元の文では、「黒い首輪」をつけた犬なのか、首輪をつけた「黒い犬」なのかが曖昧である。「黒い」が「犬」を修飾《しゅうしょく》していることがはっきり分かるように、言葉の順番を入れ替《か》える。②元の文では、「僕《ぼく》」がずっと「聞いていた」のか、汽笛がずっと「鳴り響《ひび》」いていたのかが曖昧である。「僕はずっと、」と読点を打つことで、「ずっと」が「僕」の動作を修飾していることをはっきりさせる。

❹ 用言を漢字と送り仮名で書く場合、原則として、活用語尾《ごび》（活用したときに変化する部分）を送り仮名にする。体言の場合は、送

り仮名が付かないこともある。

初恋《はつこい》

34〜35ページ Step ❶

❶ (1) ア
(2) ウ
(3) ① やさしく白き手　② 林檎
(4) 白・薄紅（順不同）
(5) ウ
(6) イ
(7) 第四連

—考え方—

❶ (2) 詩の中では「花ある君と思ひけり」と表現されている。花のような魅力《みりょく》のある「君」の姿、つまり、花のように美しい人だと思ったのである。
(3) 第二連の情景を捉《とら》える。
(4) 「われ」に林檎《りんご》をくれる、「君」の「白き手」と、林檎を表す「薄《うす》紅《くれない》の秋の実」に色の対比が見られる。
(5) 「君」の髪《かみ》の毛にため息がかかるほど、二人は近くにいる。恋《こい》が実って仲が深まり、恋する気持ちが募《つの》る様子を表している。
(7) 会話の終わりや引用を表す「と」に注目する。

万葉《まんよう》・古今《こきん》・新古今《しんこきん》

36〜37ページ Step ❶

❶ (1) 日本文化の根幹を形成するもの
(2) やまと歌は
(3) ウ
(4) イ
(5) ア
(6) ① 神　② 枕詞
(7) イ

—考え方—

❶ (1) 傍線《ぼうせん》部を含《ふく》む一文に書いてある。
(2) 「仮名序《かなじょ》」の最初に「やまと歌は、……なれりける。」と、和歌とはどんなものであるかが一文で書いてある。
(5) 「刈《か》りばねに足踏《ふ》ましなむ」は、切り株を足で踏んでしまうだろう、という意味。「我《わ》が背（私《わたし》の夫）」の安全を気づかう気持ちを詠《よ》んでいる。
(6) 「枕詞《まくらことば》」は主に五音で、和歌を現代語訳するときには訳さなくてもよいもの。似た働きをする言葉に「序詞《じょことば》」がある。「序詞」は七音以上で、和歌の中で意味も持つので、現代語訳に含める。
(7) 「しばし（少しの間）」と言って立ち止まったのに、という言い方。思わず長居をしてしまうような、清水のそばに立つ柳《やなぎ》の陰《かげ》の心地《ここち》よさを表現している。

おくのほそ道《みち》

38〜39ページ Step ❶

❶ (1) イ
(2) 日本の紀行
(3) ウ
(4) 松尾芭蕉
(5) ウ
(6) 漂泊の思ひやまず
(7) 草の戸

—考え方—

❶ (2) 現代文の二段落目の、最後の一文に「日本の紀行文学の中でも最も優《すぐ》れた作品の一つ」とある。
(4) 「おくのほそ道」は、芭蕉《ばしょう》が自分の旅について記したものである。
(5) 月日が旅人であり、生涯《しょうがい》を旅人として過ごす人があることを挙げた上で、「予《よ》も」、と自分のことを語り始めている。つまり、自分もそのように、旅人として生きたいという思いが書かれている。
(6) 「漂泊《ひょうはく》」は、一つの場所にとどまらず、あちこちさまよい歩くこと。

おくのほそ道

40～41ページ Step 2

❶ (1) ①平安時代の末期
②中尊寺金色堂・金鶏山・毛越寺（順不同）
(2) 清衡・基衡・秀衡の三代
(3) 例 人の功名のはかなさ。
(4) ①卯の花 ②例 兼房の白毛（兼房の白髪）
(5) ア
(6) 例 風雨がその場所だけ降るのを避けたかのように、光堂が残されている情景。

❷ ①著 ②繕 ③旅客 ④迎

考え方

❶ (1) 傍線《ぼうせん》部を含む現代文から「平泉《ひらいずみ》」がどんな場所なのかを読み取る。
(2) 現代文に、平泉は「東北地方の豪族《ごうぞく》であった藤原《ふじわら》氏……百年もの間、栄華《えいが》を極《きわ》めた地」だとある。
(3) 芭蕉《ばしょう》は、奥州《おうしゅう》藤原氏の百年にも及《およ》ぶ栄華を「一睡《いっすい》のうち」と表現している。当時の人々はもちろん生きていないし、建物なども「跡《あと》」になってしまった。この、栄華を極めた人々の功名《こうみょう》も、結局は「叢《くさむら》となる」はかなさに「涙《なみだ》を落とし」ている。
(4) 「兼房《かねふさ》」は義経《よしつね》の家臣として戦った人物であり、句が詠《よ》まれたときにその場にいたわけではない。芭蕉が「叢」となった平泉の城の跡を見て、当時の人々に思いをはせたのと同じように、曽良《そら》も、目の前で白い花をつける「卯の花」に、白髪《しらが》の兼房の姿を重ね合わせている。
(5) 「かねて」は「以前から」ということ。文字通り、聞いて驚《おどろ》くという意味だが、ここでは、経堂《きょうどう》や光堂《ひかりどう》が聞いて驚くような高い評判であったことをいう。
(6) 本来なら光堂も平泉《ひらいずみ》の城の跡《あと》のように、「七宝《しっぽう》散りうせて、……頽廃空虚《たいはいくうきょ》の叢となるべき」ところを、覆《おお》いを造って風雨をしのいだことで残っている様子を詠《よ》んだ句。覆いとなる建物で風をしのいだことを、「五月雨《さみだれ》の降り残してや（五月雨がそこだけ降るのを避《さ》けたのだろうか）」と詩的に表現している。「風雨から守られて光堂が残されている情景。」などの答えでもよい。

論語

42～43ページ Step 1

❶ (1) 孔子
(2) ①イ ②小人
(3) ③本当の理解には到達しない
④（独断に陥って）危険である
(4) 楽しむ者
(5) 不如
(6) 己所レ不レ欲
(7) ウ

考え方

❶ (2) ①見た目や権力の有無《うむ》に関わらず、人として優《すぐ》れた人物のこと。
(3) 書き下し文と現代語訳を読み比べて、傍線《ぼうせん》部の語の意味を探す。
(4) 「知る者」は「好む者」に及《およ》ばず、「好む者」は「楽しむ者」に及ばない、とあることから、三者の関係を捉《とら》える。
(5) 漢文・書き下し文・現代語訳をよく見比べる。
(7) 「恕《じょ》」の具体的な内容が「自分がしてほしくないことは、他人にしてはならない」であることから考える。

日本語探検4 言葉の移り変わり／漢字道場5 他教科で学ぶ漢字⑵

44～45ページ Step 2

❶ ①おに ②やわ ③こうし ④しょこう
⑤じゅきょう ⑥こんめい ⑦ごい ⑧まゆ

❷ ⑨そしょう ⑩きそん ⑪りんり ⑫だっきゅう
⑬こうそく ⑭そうじ ⑮うった
①託 ②穏 ③滴 ④扉
⑤朽 ⑥経 ⑦秩序 ⑧規範
⑨施 ⑩己 ⑪修行 ⑫帝国
⑬財閥 ⑭賠償 ⑮詐欺

❸ ①ウ
②イ
③ア

❹ ①キ ②ア ③カ ④イ
⑤エ ⑥ウ ⑦オ

— 考え方 —

❸ 言葉は主に、語彙《ごい》・音声・文法の三つの面で変化する。言葉は今も変化を続けているので、昔は間違《まちが》いとされた使い方でも、今は認められているものもある。世代によって通じやすい言葉とそうでない言葉もあるので、自分の言いたいことが正しく伝わるよう、言葉や表現を選ぶことが大事である。

❹ 他教科でよく使われる言葉には、日常生活でも目にする機会が多いものもあるので、読み方や意味を押《お》さえておく。

故郷

46～47ページ Step❶

❶ (1) ①真冬 ②明くる日の
(2) 故郷に別れを告げに来た
(3) わびしい村～横たわって
(4) イ
(5) ウ
(6) イ

— 考え方 —

❶ (1) ①まず「厳しい寒さ」とあり、次に「もう真冬の候であった」とある。

(2) 船から見える故郷の様子を描写《びょうしゃ》したあとに「今度の帰郷は決して楽しいものではない」「今度は、故郷に別れを告げに来たのである」と、帰ってきた目的が書いてある。

(3) 傍線《ぼうせん》部よりも前に、「私《わたし》」が船から見ている、現在の故郷の様子が書いてある。

(4) 屋根一面に枯《か》れ草の茎《くき》が風に吹《ふ》かれているというのは、家が寂《さび》れて、手入れの行き届かない様子である。あとの場面で、道具類を売って家具を買う相談をしていることからも、「私」たちが決して裕福《ゆうふく》ではないことが分かる。「他人の持ち物になってしまった」「いっしょに住んでいた親戚《しんせき》たちは、もう引っ越《こ》してしまった」とあるから、古くなりすぎて住めないとか、住む人がいないというのは当てはまらない。

(6) 傍線部よりも前の部分の内容を捉《とら》える。引っ越すことはもう前から決まっているので、アは当てはまらない。また、親戚回りをすることは、「私」から言ったのではなく、母が「私」に言ったことなので、やはり当てはまらない。

故郷①

48～49ページ Step❷

❶ (1) 例 ルントーに会えてうれしい気持ち。
(2) 艶のいい丸顔・まるまるした手（順不同）
(3) 例 海辺で耕作する仕事。
(4) ①例 再会した
②例 境遇の差
(5) ウ
(6) うやうやしい態度
(7) 兄弟の仲
(8) 例 ああシュンちゃん、また会えたね。

❷ ①脳裏 ②嘲 ③溺愛 ④贈

考え方

❶(1) 急いで立ち上がって自分から出迎《でむか》えようとする行動に、ルントーを歓迎《かんげい》する気持ちが表れている。

(2) 「昔の」「記憶《きおく》にある」など、過去のことを表す言葉に注目して探す。

(3) 目の周りが赤く腫《は》れるのは「海辺で耕作する者」によくあることだと書いてある。

(4) 「私《わたし》」に会いに来たのだから、実際に会えたことで、ルントーは喜びを感じたと考えられる。一方で、「私」に「ルンちゃん」と呼びかけられても、ルントーは「だんな様」と呼ばなければならない立場にある。昔のように「シュンちゃん」と応じるわけにはいかないことに、寂《さび》しさを感じたと考えられる。

(5) 昔と同じように「ルンちゃん」と呼びかけたが、ルントーは「だんな様」と応じてきた。このことで、「私」は、ルントーとの間に「悲しむべき厚い壁《かべ》」があることを感じ、「口がきけなくなる」くらいにショックを受けている。

(6) 「昔のように、シュンちゃん、でいいんだよ。」という母の言葉から、ルントーが「私」に「だんな様」と呼びかけたことや、そのときの「うやうやしい態度」を「他人行儀《ぎょうぎ》」だと言っていることが分かる。

(7) 現在の「他人行儀」な態度とは対照的に、昔は「ルンちゃん」「シュンちゃん」と呼び合う「兄弟の仲」であった。

(8) 「ああルンちゃん――よく来たね……。」と、昔の呼び方で出迎えてくれた「私」に応えようとしたルントーの気持ちを考える。「シュンちゃん、よく帰ってきたね」「久しぶり、元気そうだね」など、対等な友達として再会を喜ぶ表現であればよい。

故郷②

50~51ページ Step 2

❶(1) ウ

(2) 例 故郷や故郷の人々との心の距離が遠くなったから。

(3) ① ⓐ無駄の～減らす ⓑ打ちひ～痺する ⓒやけを～に走る

② 例 境遇に差がなく、心を通い合わせられる生活。

(4) ① ⓐ香炉と燭台 ⓑ新しい生活

② 例 多くの人が同じ希望を持つこと。

❷ ①貝殻 ②塗 ③隙間 ④蔑

考え方

❶(1) 半ば盗《ぬす》むようにして、「犬じらし」を持ち去っていったことから考える。

(2) 「私《わたし》」は、故郷に対して「自分の周りに目に見えぬ高い壁《かべ》があって、その中に自分だけ取り残されたよう」な疎外《そがい》感を覚えている。また、ルントーとの距離《きょり》が遠くなったとも言っている。これらから、「私」の心が、故郷から離《はな》れたことを読み取る。

(3) ①ⓐ～ⓒは、「新しい生活」ではなく、現在ある生活を送っている人々である。「私のように、……願わない。またルントーのように、……願わない。」から、「私」と「ルントー」の生活が分かる。「ヤンおばさん」は、ルントーが食器を隠《かく》しておいたの暴《あば》き立てて、それを手柄《てがら》のようにして道具を持ち去るという、自分だけに都合のよい行動をとっている。ヤンおばさんは、「やけを起こして野放図に走る生活」と言われている「他の人」の一人である。②「新しい生活」とは、ホンルとシュイションに期待されている生活。「私」は、二人には「私」とルントーのようにならないで、心を通い合わせ続けて欲《ほ》しいと願っている。

(4) ①「偶像《ぐうぞう》」は木や石で神様などを形作ったもの。ルントーは偶像をまつるための香炉《こうろ》と燭台《しょくだい》が欲しいと言ったのである。香炉や燭台を使って偶像をまつりたいという願いをかなえるのはさほど難しくない。一方、「私」が希望する「新しい生活」は、簡単には実現しないものである。②最後の段落に、希望についての「私」の考えが書かれている。「希望」を道にたとえて、「歩く人が多くなれば、それが道になる」と言っていることから考える。「同じ考えの人が多くなれば、それが希望という道になる。」などの答えでもよい。

漢字道場6 紛《まぎ》らわしい漢字

52〜53ページ Step 2

❶ ①こんいろ ②また ③つや ④へい ⑤あざけ ⑥さいふ ⑦は ⑧おもかげ ⑨ま ⑩しょもう ⑪せん ⑫せつな ⑬とうや ⑭ふそん ⑮とうほん

❷ ①脳裏 ②吟味 ③唇 ④年齢 ⑤貧乏 ⑥境遇 ⑦凶作 ⑧香炉 ⑨忙 ⑩墨 ⑪鶏 ⑫名残 ⑬距離 ⑭偶像 ⑮崇拝

❸ ①迭 ②暫 ③荘 ④徹 ⑤幣 ⑥積 ⑦搭 ⑧該

❹ ①契 ②喫 ③潔 ④壊 ⑤嬢 ⑥醸 ⑦褐 ⑧謁

考え方

❸ 形の似ている字、音《おん》が同じで形も似ている字などは、書き間違《まちが》いやすい。読みや意味、よく使う熟語などを覚えておく。

❹ 「契」「喫」「潔」のように、形や音が紛《まぎ》らわしい字がいくつもある場合もある。

何のために「働く」のか

54〜55ページ Step 1

❶ (1) ①意味 ②食べていける資産
(2) イ
(3) ウ
(4) それは、「
(5) 他者から何らかの形で仲間として承認される
(6) ア

考え方

❶ (1) 筆者は、多くの人が「食べていける資産を持っていようといまいと、やっぱり働くべきだ」と思っているという事実から、「働く」ことの意味を論じようとしている。つまり、簡単に考えれば、働くのは「食べていける資産」を持つためのように思えるけれども、どうやらそれ以外にも、働くことに意味があるらしい、ということを論の出発点にしている。
(4) 傍線《ぼうせん》部のすぐ後の段落に「それは……ということです。」と一文で示している。
(5) 「生きるため」「必要」を手がかりに文章を見る。すると、「そこで生きるためには……必要があります」と書いてある。「そこ」は、「見知らぬ者どうしが集まっている集合体」である「社会」を指している。

何のために「働く」のか

56〜57ページ Step 2

❶ (1) ①例「どこまで」という制限がない仕事であること。
②マニュアル労働
(2) ①例 判定しにくい
②例 正当に評価されない
(3) ①例 人とのコミュニケーションから自分が何かをもらえる可能性。
②例 人間と人間が交じり合う中には、さまざまな「偶発性」が存在するから。
(4) 他者からのアテンション
(5) 例 働くことによって、自分が社会の中にいることを再確認し、安心感や自信を得て生きること。

❷ ①顧 ②報酬 ③羨 ④福祉

考え方

❶ (1) ①文章の二つ目の段落に「サービス業の大きな特徴《とくちょう》として、……

ことがあります」とある。②サービス業の可能性の大きさを説明しているところに、「マニュアル労働よりもはるかに重圧がかかり」とある。マニュアルは、説明書などのこと。

(2) 傍線《ぼうせん》部のある段落の内容をまとめる。サービス業には「どこまで」という制限がなく、物を作る仕事のような、目に見える形もない。そのため、「よいのか悪いのか」「どのくらいよいのか」「悪いのか」を判定するのが難しく、正当な評価をされないこともあり得ると述べている。

(3) ①傍線部の直後にある段落に説明がある。筆者は、サービス業での人とのコミュニケーションの方法は無限にあるので、「そこから自分が何かをもらえる」「人間としての何かに目覚め、大きなものを得る」ことが可能だと述べている。②筆者はコミュニケーションを通して「人間と人間が交じり合う」中には、さまざまな「偶発性《ぐうはつ》」があるため、コミュニケーションの方法や、そこから自分が何かをもらえる可能性が「無限」になると考えている。「……からです」という、理由を表す表現にも注目する。

(4) 「私自身、……」から始まる段落以降に、筆者自身のことが書いてある。働くことの第一義は「他者からのアテンション」であり、筆者自身も、自分に「なぜ働いているのか」と問うてみると、「他者からのアテンションを求めているから」と答えが返ってくるとある。ここでの「アテンション」は、他者から受ける配慮《はいりょ》というような意味。

(5) 「働く」ことが人にとってどんな意味を持っているかをおさえる。働くことで得られるものについて、筆者は、「他者からのアテンション」が大事だと言っている。「他者からのアテンション」があると、「社会の中にいる自分を再確認《かくにん》できる」「自分はこれでいいのだという安心感が得られる」「自信にもつながる」とあるので、これらをまとめるとよい。「働いて得る他者からのアテンションによって、社会の中にいる自分を再確認し、安心感や自信を持って生きること。」などの答えでもよい。

いつものように新聞が届いた――メディアと東日本大震災《しんさい》

58～59ページ　Step 1

❶ (1) 何が起きたかを知る
(2) ①報道機関の一員　②ア
(3) 災害の大きさ
(4) ①記者の顔が見える署名記事　②ウ
(5) 日々の生活に密接に関わる

考え方

❶ (1) 津波《つなみ》や停電で、パソコン・テレビ・携帯《けいたい》電話などが使えない状況《じょうきょう》の中で、新聞は、何が起きたのかを知ることができるただ一つの方法だったのである。

(4) 「主観的な報道」とは、被災《ひさい》者の一人一人の、個人的な気持ちや事情を感じ取れるような報道という意味。誰《だれ》が書いたかが分かる「署名記事」として、自分も被災者である記者が記事を書くことで、「一人の人間が死亡・行方《ゆくえ》不明になった災害がその数だけあった」ことをより切実に伝えられたと考えられる。

いつものように新聞が届いた――メディアと東日本大震災

60～61ページ　Step 2

❶ (1) ウ
(2) 例 被災者がその時に必要としている情報を継続して発信し続ける役割。
(3) ①死者・行方
②例 仙台の新聞社では「犠牲」を使い、全国紙では「死者」を使うという違い。
(4) ①（経験）例 被災地に住み、取材をした経験。
（事実）例 被災地で苦しむ人々が新聞を見るという事実。
②冷めた印象
(5) 例 震災の経験を今後に生かし、「防災」「減災」に必要な情報を

伝えること。

❷ ①網 ②滞 ③危 ④喚起

ー考え方ー

❶ (1) 全国紙では、震災発生の数日後には「地震や津波《つなみ》から原子力発電所の事故」にニュースの比重が移っている。また、二週間近くたつと、「その他のニュース」の方が多くなっている。全国紙も地方紙も「読者が新聞に望むもの」に応えながら紙面を作っていることは同じなので、ウは当てはまらない。

(2) 全国紙が短期間で震災中心の報道をしなくなったのに対して、仙《せん》台《だい》の新聞社では「一か月を経過しても……大半を占《し》めていた」とある。これは、地元で被災《ひさい》した人々が「その時に必要としている情報を継続《けいぞく》して発信」するという、地元紙の役割を果たしていたからである。

(3) ①三月十三日に宮城県庁で開かれた会議で出された報告を伝える記事である。②仙台の新聞社の朝刊では「犠牲《ぎせい》『万単位に』」だった。一方、全国紙のほとんどは『死者』という言葉を使っていた」とある。

(4) ①傍線《ぼうせん》部のあとに、記者の経験や、考えたことが書いてある。この記者は、被災地で「取材に駆《か》け回った経験」があり、震災《しんさい》前の街の風景や、顔なじみのことを思っている。その上「何よりも明日、……この新聞を目にする」ということを考えると、「死者」という言葉を使うことにためらいを感じたのである。②「死者」は、人が死んだという事実だけを伝える「冷めた印象」の言葉なので、被災者に向ける言葉としては適切とは言えない。

(5) 最後の段落の内容を読み取る。震災の前に戻《もど》ることはできないが、その経験を生かし、「防災」「減災」をキーワードにするとある。新聞は人々に情報を伝える役割があることを押《お》さえてまとめる。『防災』『減災』に役立つ情報を伝えることで、震災の経験を今後に生かすこと。」などの答えでもよい。

文法の窓2 文法のまとめ／漢字道場7 間違《まちが》えやすい漢字

62〜63ページ Step 2

❶ ①かえり ②た ③るり ④にしきえ ⑤はんよう ⑥ふほう ⑦きんせん ⑧めいき ⑨ひょうしょう ⑩れんま ⑪ごくさいしき ⑫げし ⑬けいだい ⑭しょうに ⑮きじ

❷ ①恋人 ②福祉 ③販売 ④消耗 ⑤分析 ⑥肖像 ⑦便宜 ⑧惰眠 ⑨括弧 ⑩頒布 ⑪紅葉 ⑫窮地 ⑬仮病 ⑭果敢 ⑮佳境

❸ ①ウ ②ア ③イ ④ア ⑤イ

❹ ①短→単 ②句→口 ③堕→随 ④華→佳

ー考え方ー

❸ ①は形容詞をつくる働きのある「〜らしい」。いかにもそのような様子だ、という意味を表す。ア・イは「どうやら〜だ」という、推定の意味を表す助動詞。②は「上手」という状態を表す形容動詞「上手だ」の活用語尾《ごび》。イは完了の助動詞、ウは推定を表す助動詞「ようだ」の活用語尾。③はそれだけで一文節になる、補助形容詞。アは打ち消しの助動詞、ウは形容詞「さりげない」の一部分。④は「かすか」という状態を表す形容動詞「かすかだ」の活用語尾。イは場所を表す格助詞、ウは副詞「すぐに」の一部分。⑤は上に用言「咲《さ》く」の連用形があるので、そのような様子だ、という様態を表す助動詞。アとウは終止形に続く伝聞の助動詞。

❹ 音《おん》が同じだったり、形が似ていたり、別の熟語であれば正しかったりするときは間違《まちが》えやすいので注意して覚える。

レモン哀歌《あいか》

64〜65ページ Step 1

❶ (1) 写真の前に

(2) 智恵子
(3) がりり（と）
(4) ① 青　② トパァズいろ
(5) ウ
(6) あなたの咽喉に嵐はあるが
(7) ア

考え方

❶ (4) ①は正常な意識を取り戻《もど》した瞬間《しゅんかん》の「あなた」の眼《め》の色。②はレモンから立ち上る「香気《こうき》」を色で表現したもの。問題に「抜《ぬ》き出しなさい」とあるので、平仮名《がな》や片仮名の書き方に注意する。
(6) 呼吸の苦しい様子を、咽喉《のど》に「嵐《あらし》」があると表現している。
(7) 呼吸や心臓の鼓動《こどう》などの生命活動が止まり、息を引き取ったことを表している。

生ましめんかな

66〜67ページ　Step 1

❶ (1) 原子爆弾・負傷者・地下室
(2) くらがりの地獄の底
(3) ウ
(4) かくてあかつきを待たず産婆は血まみれのまま死んだ。
(5) 生ませましょう
(6) ウ

考え方

❶ (1) 字数制限と、「抜《ぬ》き出し」であることに注意する。
(4) 「かくて」という言葉が共通していること、「くらがり」と「あかつき」、「生まれた。」と「死んだ。」という対照など、形や意味の上で対《つい》になっている。
(5) 「〜しめん」は「〜させよう」という、使役《しえき》と意思を表す。

最後の一句

68〜69ページ　Step 1

❶ (1) ① 残った積み荷を売った
② 跡の船を仕立てる費用
(2) イ
(3) 初五郎・とく・長太郎・まつ（順不同）
(4) ① ア
② 私ども子供を殺してください
(5) ア

考え方

❶ (1) 傍線《ぼうせん》部のすぐあとから「……と言った」までが新七《しんしち》の言ったことである。
(3) 「女房《にょうぼう》の両脇《りょうわき》」に「初五郎《はつごろう》」と「とく」がいて、「初五郎」の隣《となり》に「長太郎《ちょうたろう》」、「とく」の隣に「まつ」がいる。「いち」は「まつ」の隣にいる。
(4) ①父が「あさって殺される」のを「殺させぬようにすることができると思う」と言って、願い書を書こうとしている。②ただ殺さないでおいて下さいと言っても聞き入れてはもらえないので「お父《と》っさんを助けて……と言って頼《たの》む」とある。
(5) 傍線部のすぐあとに、長太郎について「あれはお父っさんの本当の子でない」「お父っさんがこの家の跡《あと》をとらせようと言っていらっしゃった」とある。

最後の一句

70〜71ページ　Step 2

❶ (1) 例 死ぬのはこわいのでいやだという気持ち。
(2) 例 初五郎が活発にかぶりを振る様子。
(3) ウ
(4) ① イ

② 献身のうちに潜む反抗
③ (ただ) 氷のように冷ややかに、刃のように鋭い

(5) 例 父の命を助けるために、自分たち子供を身代わりとして殺してくれるように願い出ること。

❷ ① 裕福 ② 両脇 ③ 伺 ④ 陳述

—考え方—

❶ (1)「死んでもいいのか」と聞かれたことへの反応である。

(2)「かぶりを振《ふ》る」は頭を左右に振ること。「死ぬるのか」と聞かれて、ぶんぶんと頭を振って否定する、初五郎《はつごろう》の子供らしい素直な仕草を見て、人々はほほえましい気持ちになった。

(3)「いち」は、責め道具を見せておどかしても、こわがったり、驚《おどろ》いたりすることなく、自分の言葉に間違《まちが》いはないと断言している。

(4) ①最初は「不意打ちに遭《あ》ったような、驚愕《きょうがく》」、そして「憎悪《ぞうお》を帯びた驚異《きょうい》」へと感情が変化しているが、「あわれみ」は感じていない。②父の身代わりになるという「いち」を、書院の人々は一方的に疑ったり、おどかしたりしている。「お上《かみ》のことには間違いはございますまいから」という一言は、そうした書院の人々の態度を鋭《するど》く批判している。③「佐佐《ささ》のみではなく、書院にいた役人一同の胸をも刺《さ》」すような言葉である。

(5)「マルチリウム」あるいは「献身《けんしん》」といえるような作用を指す。「父の身代わりになって、自分たちが殺されようと考えること。」などの答えでもよい。

基礎《きそ》編 文法解説

72ページ Step 2

❶ ①イ ②ケ ③カ ④ア ⑤オ ⑥コ ⑦キ ⑧ウ ⑨エ ⑩ク

❷ ①未然形 ②連体形 ③終止形 ④○ ⑤○ ⑥命令形 ⑦仮定形 ⑧連用形 ⑨○ ⑩○

—考え方—

❶ 言葉を構成する一番小さい単位は「単語」で、単語は十種類の品詞に分けられる。①~③は、自立語で活用し、述語になるという性質があるので、まとめて「用言」と言う。④は主語になる性質があり、「体言」とも言う。品詞とその働きを知ることは、言いたいことを正確に伝える文を書いたり、文から意味を正しく読み取ったりすることに役立つ。

❷ 活用する語は、未然形・連用形・終止形・連体形・仮定形・命令形という六つの形に変化する(一部の活用形がない語もある)。活用形を見分けるには、その語の下に、どんな語があるかを見る。④は感動詞、⑤は連体詞、⑨は助詞、⑩は名詞なので、活用しない。

テスト前 ☑ やることチェック表

① まずはテストの目標をたてよう。頑張ったら達成できそうなちょっと上のレベルを目指そう。
② 次にやることを書こう（「ズバリ英語○ページ，数学○ページ」など）。
③ やり終えたら☐に✓を入れよう。
最初に完ぺきな計画をたてる必要はなく，まずは数日分の計画をつくって，
その後追加・修正していっても良いね。

目標

	日付	やること１	やること２
２週間前	／	☐	☐
	／	☐	☐
	／	☐	☐
	／	☐	☐
	／	☐	☐
	／	☐	☐
	／	☐	☐
１週間前	／	☐	☐
	／	☐	☐
	／	☐	☐
	／	☐	☐
	／	☐	☐
	／	☐	☐
	／	☐	☐
テスト期間	／	☐	☐
	／	☐	☐
	／	☐	☐
	／	☐	☐
	／	☐	☐

QRコードのページに登録すると，「ぴたリンク」からも表をダウンロードできるよ

テスト前 ✓ やることチェック表

① まずはテストの目標をたてよう。頑張ったら達成できそうなちょっと上のレベルを目指そう。
② 次にやることを書こう（「ズバリ英語○ページ，数学○ページ」など）。
③ やり終えたら□に✓を入れよう。
最初に完ぺきな計画をたてる必要はなく，まずは数日分の計画をつくって，
その後追加・修正していっても良いね。

目標

	日付	やること１	やること２
２週間前	／	□	□
	／	□	□
	／	□	□
	／	□	□
	／	□	□
	／	□	□
	／	□	□
１週間前	／	□	□
	／	□	□
	／	□	□
	／	□	□
	／	□	□
	／	□	□
	／	□	□
テスト期間	／	□	□
	／	□	□
	／	□	□
	／	□	□
	／	□	□

キリトリ線

QRコードのページに登録すると，「ぴたリンク」からも表をダウンロードできるよ